KB247344

시대를 초월한 생존의 법칙

칭기즈칸
천년의 리더십

신광철 저

유아이북스
For The Ultimate Information

✳ 칭기즈칸에게 배우는 10가지 인생 교훈 ✳

1. 칭기즈칸은 "태양이 뜨는 곳부터 태양이 지는 곳까지 정복할 것이다."
   라고 선언했다.
   그는 자신의 꿈을 부족의 꿈과 일치시켜 세상에 퍼뜨렸고, 동양에서
   서양까지 문명의 땅 대부분을 점령했다. 이후 공언한 대로 점령한 땅
   을 부하들에게 나누어 주었다.

2. 칭기즈칸은 "대인이 말을 끝내기 전에는 누구라도 중간에 끼어들거나
   자기주장을 말하지 마라."라고 지시했다.
   그는 경청의 대가이자 수용의 천재였으며, 지혜는 듣기에서 시작된
   다는 사실을 잘 알고 있었다.

3. 칭기즈칸은 "닫힌 곳은 열고 막혀 있는 세상은 뚫어야 한다."라고 말
   했다.
   그는 역참을 만들고 파발마를 운용해 광활한 지구촌 곳곳을 길로 연
   결했다.

4. 칭기즈칸은 "내가 너희들의 땅을 점령할지라도 너희들이 믿는 신神은
   존중할 것이다."라고 말했다.
   그는 점령한 땅의 원주민들에게 종교의 자유를 허용했다.

5. 칭기즈칸은 "성을 쌓고 사는 자는 반드시 망할 것이고, 끊임없이 이동
   하는 자는 살아남을 것이다."라고 했다.
   그의 시대는 이동이 자유롭고 무역이 활발했던 대이동의 시기였다.

6. 칭기즈칸은 "세상을 정복하고 통치하려면 먼저 고난을 함께할 사람을 얻어야 한다."라고 말했다.

실제로 그가 만난 사람들은 생사를 넘나드는 고난과 역경 속에서도 끝까지 그를 떠나지 않았다.

7. 칭기즈칸은 "점령한 땅의 기술자를 함부로 죽이지 말라."고 지시했다.

그는 자신들보다 뛰어난 기술자를 데려와 성을 쌓고, 신무기 기술과 지역에 맞는 전법을 받아들여 전쟁마다 승리할 수 있었다.

8. 칭기즈칸은 "나는 한 번 믿은 사람을 끝까지 믿고 대우할 것이다. 하지만 나를 배반한 자는 지구 끝까지라도 추적해 멸할 것이다." 라고 경고했다.

그는 자신이 신뢰한 이들에게 힘을 주었고, 그들로부터도 힘을 얻었다.

9. 칭기즈칸은 "세상에서 가장 높은 산은 내 마음속의 산이었다. 나는 내 안의 산을 넘는 순간 초원의 칸이 될 수 있었다." 라고 말했다.

세계를 정복한 그의 첫 승리는 자신을 이기는 것이었다. 그는 초원의 들불처럼 일어나 세계를 점령했다.

10. 칭기즈칸은 "나는 쓰러질 수는 있어도 분명 다시 일어날 것이다." 라고 말했다.

그는 어떤 고난이 닥쳐도 포기하지 않겠다고 선언했다. 적에게 잡혀 노예가 되거나 쫓기는 처지가 되었을 때도 결국 다시 일어나 초원의 칸이 되었다.

인간의 능력은 어디까지일까. 한 사람이 얼마나 넓은 영토와 얼마나 많은 사람을 이끌 수 있을지 늘 궁금했다. 칭기즈칸은 우리가 상상한 한계를 뛰어넘은 인물이었다.

어린 칭기즈칸은 개를 무서워했고 눈물이 많아 잘 우는 아이였지만, 싸움에 나서면 짐승처럼 거칠어졌다. 초원에서는 부족끼리의 싸움이나 다른 공동체 간의 분쟁이 잦았는데, 생활에 필요한 생필품과 먹을 것이 턱없이 부족했기 때문이다. 싸움은 대부분 잔혹한 혈투였다. 칭기즈칸은 태어나서 죽는 순간까지 치열한 전장에서 살다 갔다.

그가 태어나던 날, 아버지는 적장을 사로잡아 무릎을 꿇리고 부하가 될 것을 요구했다. "나를 따르면 살려주겠지만, 거부하면 죽을 것이다."라는 말에도 적장은 당당히 "너의 부하가 되느니 차라리 죽음을 선택하겠다."라고 답했다. 결국 칭기즈칸의 아버지는 그 자리에서 적장을 죽였다. 그 적장의 이름이 테무진이었다. 아버지는 갓 태어난 아들에게 그 이름을 붙여 주며 "비록 적장이었지만 당당하고 사내다웠다."라고 말했다. 몽골 초원에서나 있을 법한 일이었다.

칭기즈칸은 평생 싸우며 살았다. 그는 문자를 읽지 못해 군사를 조직하고 운영하는 체계를 글로 배울 수 없었다. 모든 것을 현장에서 몸으로 익혔다. 배움이 부족했으니 낯선 지역의 환경이나 기후 등 정보를 수집하기도 어렵고, 자신들의 무기보다 뛰어난 신식 무기를 갖춘 선진 국가를 점령하기도 쉽지 않았을 것이다. 그럼에도 그는 파죽지세로 승리를 거듭했다.

초원에서 가진 것 없이 태어난 소년이 서방의 선진 문명국들을 제압해 나가는 모습은 경이롭고 위대하다. 초원 밖 세상을 상상하며 어둠에서 빛으로의 전환을 이끌어낸 능력은 우리가 칭기즈칸에게서 배울 만하다.

개인으로서의 인간은 작고 약하지만, 공동체가 만들어내는 힘은 강력하다. 가지지 못한 자가 가진 자를 이기는 최고의 방법은 힘을 모으는 것이었다. 초원의 소년은 성장하며 힘을 모아 부족의 장이 되었고, 부족의 장은 단숨에 초원을 통일했다. 그는 잠시도 머뭇거리지 않고 말을 몰아 지구촌 대부분을 꿈꾸듯 점령해 나갔다.

한 사람이 꾼 꿈은 꿈으로 끝날 수 있지만, 함께 꾸는 꿈은 현실이 된다. 칭기즈칸은 "해가 뜨는 곳부터 해가 지는 곳까지 점령할 것이다."라는 허황돼 보이던 꿈을 현실로 만든 인물이었다.

인생은 결국 극복의 역사다. 한 번 태어난 고귀한 인생을 비극으로 끝낼 필요는 없지 않은가. 큰 꿈을 꾸었다면 그 꿈을 이루기 위해 최선을 다해 살아보는 것, 그것이야말로 의미 있는 인생일 것이다.

우리는 이제 세계를 정복한 영웅으로서 칭기즈칸을 기억하는 데 그치지 말고, 그를 통해 인간의 무한한 가능성을 배우고 스스로의 길을 고민할 여유를 가져야 하지 않을까.

칭기즈칸의 성공법

인류 최초의 사건, 세계 정복과 최고의 리더십

인류에게 가장 큰 영향력을 끼친 사람은 누구일까.

미국의 〈워싱턴포스트〉가 설문조사를 했다. 서기 1000년부터 1999년까지 천 년 동안 인류 역사에서 가장 큰 영향을 미친 인물은 누구냐는 질문에 칭기즈칸이 1위로 뽑혔다. 서양의 관점에서라면 콜럼버스가 꼽힐 만도 한데, 의외의 결과였다.

칭기즈칸은 어떤 인물이었을까.

우리는 흔히 정복자 하면 붉은 망토를 두르고 백마를 탄 나폴레옹을 떠올린다. 이는 우리가 서양 중심의 역사에 얼마나 깊이 매몰돼 있는지를 보여준다. 교육 현장의 동서양 차별과 편향성을 굳이 언급하지 않더라도 철학과 사상마저 서양 중심으로 기울어진 현실이 안타깝다.

참고로, 정복자의 상징으로 알려진 나폴레옹이 점령한 땅의 면적은 약 210만km^2, 독재자 히틀러는 300만km^2, 고대 마케도니아의 알렉산더 대왕은 520만km^2였다. 세 사람의 점령지를 모두

합해도 칭기즈칸이 정복한 1300만km²에는 미치지 못한다.

한 사람이 이룰 수 있는 성공의 한계는 어디까지일까.

더욱 놀라운 것은 그의 통솔력이다. 나폴레옹, 히틀러, 알렉산더는 점령지를 제대로 다스리기도 전에 죽어 단순한 전쟁 영웅으로 남았다. 그러나 칭기즈칸은 달랐다. 그는 말과 화살만으로 세계를 정복해 제국을 세우고 조직을 정비해 무려 150년 동안 제국을 안정적으로 통치했다. 아시아 동쪽 끝 한반도에서부터 서쪽의 유럽 폴란드와 헝가리에 이르기까지, 역사상 유례없는 하나의 통일 제국을 만든 것이다.

칭기즈칸의 성공 비결은 세 가지로 요약된다.

첫째 선택과 집중, 둘째 도전과 수용, 셋째 목표 설정과 실천이다.

첫째, 선택과 집중

칭기즈칸에게 고민은 선택을 위한 고민뿐이었다.

결정하기 전까지는 깊이 번뇌하고 수많은 사람을 만나 자문했지만, 일단 마음을 정하면 머리털이 휘날리도록, 발이 부르트도록 선택한 길만 바라보았다.

그가 선택한 것은 '승리'였다.

승리를 위해서는 무엇이든 버리고, 어떤 일도 감수할 수 있었다. 마음을 정하면 그는 자신의 결정에 후회하거나 뒤를 돌아보지 않았다.

"달릴 때는 뒤를 돌아보지 않는다."

그는 결정된 일에 대해 후회하지 않았다. 뒤를 돌아보면 속도와 집중력이 떨어지기 때문이다. 언제나 한 길만 바라보고 달렸다. 전쟁을 시작할지, 칸의 자리를 맡을지와 같은 중대한 선택 앞에서 그는 산으로 들어가 마음을 가다듬고 신중히 결정했다. 그리고 한 번 내린 결정은 절대 번복하지 않았다.

그는 항복한 적에게는 관대했지만, 끝까지 맞서는 자에게는 잔혹했다. 지도자를 처형하고 백성을 무차별 학살하거나 시신으로 해자를 메우기도 했으며, 때로는 적의 백성을 방패삼아 다른 성을 공격하기도 했다. 이러한 잔혹함 뒤에는 '그들을 살려두면 내가 죽는다'는 본능적 판단이 있었다. 전쟁이라는 극한의 상황에서 모든 선택은 심사숙고 끝에 내려졌고, 그는 그 결정에 무섭게 집중했다. 뒤돌아보지 않는 집중력이 그의 성공을 이끌었다.

둘째, 도전과 수용

칭기즈칸의 힘은 과감한 도전과 끝없는 수용에서 나왔다. 그의 인생 전반기는 도전의 시기였고, 중반기 이후는 수용의 시기였다. 초원 내부의 전투는 생존을 위한 도전이었지만, 초원을 통일한 뒤에는 다른 문명과 기술을 받아들이는 수용이 필요했다.

초원에서의 전투는 곧 생존을 위한 싸움이었다. 몽골 초원에서는 강한 자만이 지배자가 될 수 있었고 강자에게 종속되는 것은 부끄럽지 않았다. 실패와 좌절이 끊이지 않는 그곳에서 도전은 삶 자체였다.

초원을 통일한 뒤에는 수용이 필요했다. 몽골의 전사들은 가진 것이 없었다. 유목민은 짐이 단순했고 조직도 복잡하지 않았다. 체계적 행정과 다양한 기술이 필요했지만, 그들에게는 유기적이고 복합적인 구조가 없었다. 예를 들어 전투 후 약탈품 분배 과정을 보면, 적에게서 빼앗은 물건은 약탈한 자의 몫이라는 인식이 강했다. 전투에 참여하지 못한 사람은 몫이 없었다. 약자는 전투에 나설 수 없으니 가질 몫도 없었던 것이다.

칭기즈칸은 전투에서 뛰어난 능력을 발휘했지만, 문자를 쓰거나 읽지 못했다. 그의 형제와 자식들도 글을 몰랐다. 이처럼 전투 외에는 단순하고 무식했으나, 칭기즈칸은 지혜로운 사람이었다. 공격 무기는 다양하지 못했고 많은 부분에서 개선이 필요했지만, 이를 바로 해결하려면 시간이 걸렸다.

그는 "우리가 가지고 있지 않다면 가진 자로부터 가져오면 된다"라고 말했다. 자신이 옳다고 생각하던 것보다 더 나은 지혜가 있다는 사실을 인정하고 받아들이는 용기였다. 그는 늘 자신의 생각에 갇히지 않고 지혜의 문을 열었다.

비록 배움이 없어 유창하지 못한 무장이었지만, 귀는 늘 열어

두었다. 칭기즈칸은 경청을 인생에서 가장 중요한 덕목으로 삼았다. 많이 듣는다는 것은 곧 다른 사람의 의견을 받아들인다는 의미다.

그는 소통 속에서 새로운 활력을 주는 창조적 생각을 찾아냈다. 문명사회만이 가질 수 있는 것들을 알지 못해 미개하다는 말을 들었지만, 현명함과 경청으로 세상을 개척했다.

무슨 일이든 세상과 소통하고 충분히 경청한 뒤 스스로 결정하면 믿음을 가지고 실천했다. 위대함은 단순하지만 원칙을 지키는 데서 출발한다. 비록 배우지 못해 답답하고 불편했을지라도 귀를 세상에 열어둔 덕분에 칭기즈칸은 인류 역사상 가장 넓은 영토를 정복하고 오랜 기간 통치할 수 있었다.

성공의 요인은 소통·도전·수용이었다. 훌륭한 지도자는 소통이 잘되는 조직을 만드는 데 최선을 다한다.

대개 소통은 한 방향으로 흐른다.

상의하달上意下達과 하의상달下意上達이라는 두 방식이 있는데, 저돌적인 지도자는 자신의 지시가 빠르게 전달되고 시행되길 바라며 상의하달을 고집한다.

그러나 조직의 진짜 힘은 하의상달에서 나온다. 하층의 애로사항과 창의적인 생각이 위로 전달돼 정책이 되어야 한다. 하의상달이 되지 않는 조직은 아무리 뛰어난 지도자라도 미래 비전과 위기를 극복하기 어렵다. 하급자의 작은 목소리에도 귀를 열고 여론을 경청하며 수용하지 않으면 조직은 무너질 수밖에 없다.

위대한 도전과 끝없는 수용, 그리고 변화를 통해 칭기즈칸은 세계 정복의 꿈을 이루었다. 보잘것없는 가난한 나라 몽골의 한 종족이 세계를 호령하고, 유라시아 대륙에 광대한 자유무역지대를 만들어 동서양 문명을 연결했다.

몽골의 푸른 전사들은 현지 적응력이 뛰어났다. 그들은 오래 머물며 적을 방어할 성을 두지 않았고, 말과 활, 칼이 전투 장비의 전부일 만큼 초라한 군대였지만 첨단무기를 갖춘 서방국가들은 갑작스레 말을 타고 돌진한 동양의 군인들에게 참패했다. 치욕적인 패배였다.

몽골군은 빠르게 진화했다. 전쟁을 하며 얻은 경험을 새로운 전술로 발전시켜 다음 전쟁에서 승리했다. 몽골의 힘은 받아들이는 데 있었다. 발달한 선진 문명을 전폭적으로 수용해 새로운 창조로 이어갔다.

소수의 군대로 유라시아 제국을 지배한 위대한 경영자 칭기즈칸은 인생 전반기에는 도전을 중시했고, 후반기에는 수용을 중점에 두었다.

셋째, 목표 설정과 실천

칭기즈칸은 목표를 설정하고 그 꿈을 부족들과 나누었다.

"해가 뜨는 곳부터 해가 지는 곳까지 점령할 것이다. 그리고 그 땅을 나누어줄 것이다."

이 말은 은밀하지만 강하게 초원의 바람을 타고 부족민들에게 전해졌다. 사람들은 처음엔 반신반의했지만, 점차 그를 따르는 이들이 늘어나자 칭기즈칸은 과감하게 세계 정복의 야망을 실현해 나갔다. 그는 먼저 부족을 통일했고, 자신의 꿈과 몽골의 꿈을 일치시키는 원대한 과제를 추진했다. 그렇게 세계 정복이 시작되었다.

칭기즈칸은 초원의 고통스러운 과거를 잊자고 외치며, 더 나은 세계를 향해 함께 달려갈 것을 요청했다.

"한 사람의 꿈은 꿈일 수 있지만, 만인이 꿈꾸면 현실이 된다."

그는 부하들에게, 먼 타지에서 적과 싸우다 전사하면 고향에 묻어주겠다고 약속했다. 이는 유목민들의 전통과 관련이 있다. 몽골 초원에서 부족 간 싸움으로 죽으면 시신을 초원에 두어 짐승의 먹이가 되게 하거나 썩혀 자연으로 돌려보내는 풍습이 있다. 이때 죽은 자의 소유물도 함께 두었다. 그러나 타국에서 싸우다 죽으면 정착민들의 풍습대로 화장하거나 매장하는데, 몽골군은 이를 시신 훼손으로 여겼다. 몽골군은 전사자들의 시신이 고향으로 돌아가 자신들의 풍습대로 장례를 치르길 바랐다. 칭기즈칸은 이 바람을 받아들여 전사들의 마지막까지 책임지겠다고 약속했다. 이 약속은 신뢰가 되었고, 병사들은 전쟁에서 두려움 없이 용감히 싸웠다. 그 결과 승리를 거둘 수 있었다.

전쟁에서 명예를 찾을 일은 없다. 오직 승리만이 영광이자 명예를 가져온다. 전쟁에서 칭기즈칸이 이기면 부족민 각자에게 큰 이익이 돌아갔고, 그 때문에 칭기즈칸의 전사들은 더 강해졌다.

학자들은 칭기즈칸이 전쟁을 일으킨 이유로 두 가지를 든다. 하나는 무역로를 확보하기 위해서였고, 다른 하나는 부족이 공격당해 가족이 끌려가거나 노예로 팔리는 등 당했던 수모에 대한 복수, 즉 해원解冤의 전쟁이었다고 본다.

꿈을 꾸지 않는 자는 살아있으나 죽은 자와 같다. 세상을 움직이는 동력은 꿈이다.

칭기즈칸의 꿈은 부족민의 꿈이 되었고, 그 꿈이 실현되면서 많은 몫의 이익이 돌아오는 구조가 만들어졌다. 목숨을 건 전쟁에서도 큰 불만이 없었던 이유다.

성공의 최고 비법은 실천이다. 계획은 누구나 세울 수 있지만, 실천에는 큰 용기가 필요하다. 자신이 가로막는 장애물, 즉 자신의 두려움과 의심을 극복하지 못하면 어떤 것도 이룰 수 없다. 스스로를 인생의 적으로 만들지 말아야 한다.

칭기즈칸의 국가 체제 완성

최소의 군사력으로 다수의 적에게 승리하는 법

칭기즈칸의 전사들은 어떻게 승리했을까.

규모가 크지 않은 몽골 초원의 전사들이, 칼과 활 그리고 말이라는 간결한 무기로 어떻게 세계를 정복할 수 있었을까. 소수의 집단이 다수의 강대국을 공략했고, 단순한 재래식 무기로 신식무기를 가진 나라들을 점령했다. 기적 같은 사건이 벌어진 것이었다. 신화가 아니라 분명히 역사다.

그것은 유목민과 정착민의 전쟁이자, 야만과 문명의 충돌이었다. 기댈 곳 하나 없는 바람 같은 사람들과, 성을 쌓고 창고에 식량을 쌓아둔 '가진 자들'이 맞붙었다. 그런데 놀랍게도 승리는 가진 것 없는 자들의 몫이었다.

유목민은 마차에 실을 만큼의 짐이 전부였지만, 정착민은 많은 것을 가졌기에 마차 하나에 다 실을 수 없었다. 초원에서는 질서보다 강자의 약탈이 일상화되어 야수의 법칙이 통했고, 도시는 질서와 안정을 위한 조직이 있었다. 누가 보더라도 성과 도시를 가진 쪽이 전쟁에서 유리해 보였다. 하지만 결과는 정반대였다. 가진 것 하나 없는 초원의 전사들이 승리했다.

칭기즈칸의 명령을 따르는 초원의 전사들은 태어나서부터 죽을 때까지 싸움을 배웠다. 그는 전 부족을 전사화하고, 상시 전시 상태로 조직화했다. 그 결과 몽골의 남자들은 무서운 힘을 발휘하는 전사로 성장했고, 여자들은 후방 보급을 책임지는 전투원이 되었다. 15세에서 70세까지, 병약자와 노약자를 일부 제외하면 거의 모든 남성이 전사였고, 싸움에 특화된 집단이 되었다.

전장에서 쓰이는 말도 실전에서 당황하지 않을 정도로 잘 훈련되었다. 여자들은 후방에서 보급을 담당하며 말과 소, 양을 이끌고 군의 뒤를 따라다녔다. 지친 말을 교체해주고, 군인들에게 먹일 가축을 돌보며, 양의 젖을 짜고 양털을 공급했다. 몽골 사회에서는 신체 건강한 남녀노소 모두가 전투원이자 전쟁의 인프라였다.

칭기즈칸의 군대는 '푸른 군대'라 불렸다. 푸른 늑대의 후손이라는 뜻이다. 군대의 수는 적었으므로, 수적 열세를 극복하기 위해 목표 도시를 공격하기 전에 주변 마을을 선습해 지역민을 포로로 잡고, 이들의 노동력을 적극 활용했다. 붙잡힌 현지인들을 징발하여 군량 운송부터 전장에서 거대한 공성 장비를 이동시키는 일까지 동원했다.

다음으로 전부족의 상시 전시화, 즉 전쟁의 상설화를 이뤘다. 점령당한 지역의 반란은 늘 있었고, 이를 진압하려면 항상 실전 같은 훈련이 필요했다. 태어나며 전사가 되고, 보급을 담당하는 전투원이 되는 사회에서는 전장이 곧 삶의 현장이었다. 말 타는 것은 일상이었고, 전장에서 하루를 시작해 전장에서 밤을 맞았다.

초원에서 자란 아이들이 가장 먼저 배우는 기술은 승마였다. 네 살이면 혼자 말을 탈 수 있었고, 말 위에서 서기, 말 배에 밀착해 달리기, 달리는 말 위에서 뒤로 돌아 활쏘기까지 익혔다. 말과 함께 성장한 이들은 강인한 체력과 승마술을 갖췄고, 시력이 다른 나라 사람보다 월등히 좋아 먼 목표물을 식별하는 데 유리했다.

초원을 통일한 뒤 칭기즈칸은 중요한 고민에 빠졌다. 이쯤에서 전쟁을 멈출 것인지 계속할 것인지 결정해야 했다. 주변의 서하와 금나라는 거대한 방벽처럼 버티고 있었기 때문이다. 서하는 상업로(실크로드)를 가로막는 장애였고, 금나라는 당시 문명이 발달한 강대국이었다. 이 두 나라를 넘어야 그가 꿈꾸던 평화를 얻을 수 있었다.

고민 끝에 칭기즈칸은 전쟁을 선택했다. 동시에 주변 국가들이 초원을 노리고 있었으므로 그는 상시 전시체제를 갖춰야만 생존할 수 있음을 깨달았다. 평화는 강한 안보체제를 유지할 때 누릴 수 있는 것이며, 약자는 평화를 누릴 자격을 박탈당하기 쉽다는 현실을 직시했다.

남자는 전장에서 싸우고, 여자는 후방에서 전쟁을 돕고 아이를 길렀다. 치열한 전투에서 목숨을 건 전사들이 제때 물자를 공급받을 수 있도록 체계를 유지하는 일이 매우 중요했다. 칭기즈칸은 몽골인에게 이렇게 명령했다.
"목지牧地에 가시와 잡초들이 자라지 못하도록 하라."
몽골의 생명줄은 가축에 있었다. 가축의 생사가 몽골인의 생사와 직결되었기에 목초지에는 잡초와 가시가 자라지 못하게 해야 했다. 이를 게을리하면 몽골인은 곧 생명의 공급원을 잃게 된다. 칭기즈칸은 군사와 백성이 먹고살 수 있는 가장 기본을 먼저 안정시킨 뒤 다음을 준비해야 한다고 보았다.

그는 전쟁을 시작하기 전부터 매사를 꼼꼼히 준비하고 신중히 살폈지만, 부드러움을 지닌 지도자이기도 했다. 기초를 다지고 또 다져 기반이 튼튼해지면 과감히 앞으로 나아갔다. 준비된 칭기즈칸의 푸른 군대는 사사로운 근심을 잊고 오직 승리를 향해 전진할 수 있었다.

이 모든 힘과 투쟁 정신은 칭기즈칸이 세운 몽골 제국의 수도 카라코룸에서 시작되었다. 이 무렵 세상은 변화의 시기였고, 그는 가장 큰 기회가 역동하는 변화의 시기에 찾아온다고 보았다. 고정되고 정체된 사회에서는 기득권층만 대를 이어 부와 권력을 차지할 뿐, 가난한 개인이 피나는 노력을 해도 성공하기 어렵다. 그러나 변화의 속도가 빠르고 방향이 예측하기 힘든 지금이야말로 운명을 바꿀 수 있는 절호의 시기라고 판단했다.

준비하는 기간은 다소 지루했지만 결단의 시간은 짧았다.
"낮에는 늙은 늑대의 경계심으로, 밤에는 갈가마귀의 눈으로 적을 지켜보아라. 그리고 적을 매처럼 덮쳐라."
몽골의 푸른 군대는 이 말을 충실히 따랐다.

마지막으로 칭기즈칸은 전 부족을 조직화했다. 몽골 초원을 통일한 그는 조직을 빠르게 정비했고, 강해진 몽골은 거친 세상과 부딪혀도 쉽게 무너지지 않았다.

그러나 몽골 초원을 통일했음에도 칭기즈칸의 군대 규모는 정착민들의 군대에 비하면 여전히 적었다. 정착민 군대는 칭기즈칸의 군대가 갖추지 못한 것들을 지녔으며, 문명 또한 앞서 있어 유목민들과는 큰 차이가 있었다. 칼과 활, 마차가 무기의 전부였던 칭기즈칸의 군대가 정착민들과 맞서려면 특별한 계략이 필요했다.

칭기즈칸은 군의 작은 조직인 분대의 구성원을 10명으로 하는 아르반을 조직하였다. 이 아르반은 혈연이나 씨족 중심의 전통적인 조직 대신 가까운 이웃이나 종교, 언어 등 기본적인 공통점이 유사한 사람들로 구성하였다. 각 아르반은 아르반 코리Arban Qori라는 지휘관이 이끌었는데, 구성원 중 한 명이 전쟁 포로가 되면 반드시 구출해야 할 정도로 결속력이 강했으며 한 번 정해진 아르반은 잘 바뀌지 않았다. 이들은 전장에서 동고동락을 함께하며 적과 싸우는 의형제가 되었다. 리더 측에서 보면 모든 책임과 평가를 아르반별로 할 수 있어 조직 관리가 쉬웠다.

부족의 모든 구성원에게 공적 임무를 수행하게 했다. 군인으로 복무할 수 없는 사람은 일주일에 하루 정도 다른 공적인 일에 참여하게 했다. 전사의 가축을 돌보고, 음식을 만들며, 무기를 수리해 주기도 했다. 또한 드물지만 전쟁에 지친 군인들을 위해 노래를 하거나 연예활동을 하기도 했다.

아르반의 편제를 보면 아르반 열 개를 모은 100명 단위의 자군Zagun과 자군 열 개를 모은 1,000명 단위의 밍간Mingghan, 밍간 열 개를 모은 10,000명 단위의 투멘Tumen으로 구성되어 있다.

흔히 천호제라고 하는 조직을 완성했다. 아르반을 십호, 자군을 백호, 밍간을 천호, 투멘을 만호라고도 불렀다. 지휘의 일원화를 이루는 데 아주 편리했고 명령계통이 확립되어 한 번에 말단까지 빠르게 전달될 수 있는 조직이었다.

부족과 혈연관계에 의한 조직에서 전투를 위한 군대조직으로 재편성되어 평등구조가 확립되었다. 당시에 이미 지금의 직무급제와 비슷한 조직을 도입한 것이다.

몽골의 부족원들은 전 부족의 전사화와 상시 전시화 그리고 전 부족의 조직화를 이루어 세상에 없는 강군으로 태어났다. 무기는 간단했고 전투병은 소수였지만 빠르고 강했다.

능력이 최대화된 전사들

빠른 공격으로 가장 깊숙이 파고드는 전사의 능력화

몽골의 푸른 군대는 개인으로서 전쟁에 특화된 전사들이었다. 개인이 강했다. 체력이 강한 사람들이 모여 강한 군대를 조직하고 상시 전쟁 체제를 확립하였다.

칭기즈칸의 군대는 어떻게 개개인의 역량을 키웠을까.

칭기즈칸은 타고난 리더였다. 성 안에 사는 정착민들이 가지지 못한 특별한 능력인 말타기와 혹독한 환경과 고난에서 견뎌내는 인내심을 활용할 줄 알았다. 이들의 특성은 한곳에 정착하며 살아가는 사람들보다 월등하였다. 특히 이들이 사냥을 나가면 따라올 존재가 없을 정도였다. 이 사냥기술이 그대로 전쟁에 적용되어 엄청난 승리를 가져오게 되었다. 그들은 살기 위한 일이라면 어떤 짓이든 망설이지 않고 실천했다. 세상에 목숨보다 소중한 것은 없었기 때문이다. 그들의 집합체인 부족은 생활 공동체이면서 동시에 군사공동체로 명령에 절대적으로 따랐다. 이들이 전장에서 모든 것을 걸고 전력투구하지 않을 수가 없었다.

전쟁에서 승리하면 승자로서 가질 수 있는 혜택이 엄청났지만 반대로 패하면 패자가 가지는 수치스러움은 물론이고, 재산과 목숨, 심지어 아내와 자식까지 모두 잃게 된다. 패자의 가족이라는 이유로 남녀노소 구분 없이 도륙되거나 노예가 되었다. 노예의 자식은 또 노예가 되고, 승자의 자식은 언제나 노예 위에 존재했다. 그들은 치욕적인 삶을 살지 않으려고 죽을힘을 다해 싸워야 했다.

특별한 무기가 없었지만 강인해진 전사들이 싸움터에서 경험하며 터득한 전략은 첫째 속도전이고, 둘째 경량화이며, 셋째는 특전술이었다. 첫째 속도전은 이들만이 가진 최고의 전술이었다. 전광석화같이 발 빠른 속도전은 말이 있기 때문에 가능했다. 초원에서 자라 말과 함께 살아온 몽골인들만이 할 수 있는 전략이다.

여기서 말을 한번 살펴보자. 몽골 말은 덩치가 작아서 과하마果下馬라 부르기도 했다. 작은 과일나무 밑으로 다닐 수 있는 말이라고 해서 붙여진 이름이다.

작은 몽골 말과 덩치 큰 러시아 말을 비교한 기록을 보면 각각 하루에 4시간 동안만 잠을 재우고 달리게 하였는데, 러시아 말은 150km를 달리고 지쳐 쓰러졌지만 몽골 말은 200km를 달리고도 힘이 남았다고 한다. 지구력에서 몽골 말이 우수했다.

또한 대부분의 말들은 겨울에 먹을 것을 사람이 챙겨주지 않으면 눈 속에 묻혀있는 마른 풀을 스스로 찾아 먹지 못하지만, 몽골 말은 거친 환경에 익숙하여 겨울 눈 속에 묻혀있는 마른 풀을 스스로 찾아 먹는다고 한다. 생존력이 뛰어나다.

몽골 말의 달리는 보법도 일반 말과는 다르다. 일반 말들이 달릴 때는 앞쪽 두 발을 먼저 내딛고 난 후 뒤쪽 두 발이 따라오는 보법인데, 몽골 말은 한쪽 방향의 앞다리와 뒷다리가 동시에 움직여 앞으로 내딛는 보법으로 달린다.

실전에서 일반 말들은 앞의 두 발이 먼저 땅을 딛고 난 후 뒤의 두 발이 따라오며, 땅을 디디면 말의 앞과 뒤가 크게 흔들린다. 반면 몽골 말은 왼쪽의 두 발이 먼저 땅을 디디고 난 후 오른쪽 두 발이 땅에 닿기 때문에 앞과 뒤가 적게 흔들린다.

말의 보법은 전투에서 큰 차이를 가져왔다. 일반 말을 타고 달리면서 활을 쏘는 것은 어렵지만, 몽골 말에서 활을 쏘는 것은 상대적으로 쉬웠다. 체구는 작지만 강하고 지구력이 좋은 몽골 말은 회전력이 작아 빠르게 방향을 틀 수도 있었다.

몽골인들은 전쟁에 쓰일 어린 말을 골라 길렀는데, 늑대가 울어도 놀라지 않을 정도의 담력이 좋은 말을 선택하였다. 3~4시간 정도의 전력 질주와 전투훈련을 시킨 후 물을 먹이지 않고 견디게 하는 훈련도 시켰다. 재갈을 물리지 않는 훈련법을 개발하여 말을 덜 지치게 하기도 했다. 유럽의 말들과는 비교가 되지 않을 정도로 전쟁에 특화된 말들이었다.

둘째는 경량화였다. 몽골의 전사들은 전쟁을 할 때 몸에 지닌 것이 단출했다. 유럽이나 중동 국가의 정착민들과는 확연히 달랐다. 정착민들의 부대가 이동하게 되면 침식을 위해 텐트를 쳐야 했고, 뒷정리를 하기 위한 시간도 필요했다. 한 끼를 먹기 위해 전투부대가 멈추고 잠을 자기 위해 숙박 장비를 준비해야 했다. 보급부대가 별도로 필요했다. 무엇보다 머물렀던 흔적을 지우는 것도 큰 문제였다. 그러나 몽골의 전사들은 달랐다. 말린 고기를 휴대하여 말을 타고 이동하면서 식사를 해결하고 말 젖을 짜서 마셨다. 심지어 잠도 말 위에서 잤다. 정착민의 군대처럼 머무른 흔적을 지우는 데 시간을 소비하지도 않았다.

전쟁은 생사를 가르는 엄청난 일이다. 싸워서 이기지 못하면 죽거나 노예로 살아야 한다. 수단과 방법을 가리지 않고 반드시 이겨야 하는 전쟁에서 정착민들은 전장에 나오는 말에게 온갖 장식과 치장을 하고 약 수십 킬로그램 정도의 군장을 말 등에 매달고 칭기즈칸의 전사들과 맞섰다. 이미 경량화를 시행한 몽골군을 이기기 어려웠다.

모든 일은 상황에 맞게 대처해야 활동의 폭을 늘릴 수 있다. 부족한 것이 문제가 될 수도 있겠지만 정신력이 더 큰 문제가 된다.

현대전에서도 장비나 무기의 경량화가 중요한 과제이지만 시시각각 생사가 갈리는 전장의 변화에 흔들리지 않고 침착하게 처신할 수 있는 정신력이 최우선이다.

몽골의 푸른 군대는 이 같은 경량화 전술과 정신무장을 실행하여 전쟁에서 승리하기 시작했다. 칭기즈칸의 안목은 탁월했다.

몽골의 유목민은 짐을 적게 가지고 다니는 것이 일상 생활화되어 있었다. 잦은 이동으로 물건의 축소화를 지향한 결과 접는 의자나 말린 고기 등과 같이 작고 간편한 생활용품이 만들어졌다.

몽골 군대가 적과 싸울 때 사용하는 주 무기는 활, 칼, 쇠몽둥이 등이었다. 또한 그들은 보급이 끊어져도 두 달은 버틸 수 있는 전투 식량을 가지고 다녔다.

보르츠라는 전투 식량을 말 안장 밑이나 전사들의 몸에 휴대하게 했다. 보르츠는 소나 양고기를 육포로 만든 후 가루를 내어 깨끗이 씻은 소의 방광에 넣어 보관하였다. 소의 방광은 기후 변화나 오랜 시간 보관해도 내용물이 상하지 않는 최적의 저장 용기였다. 먹는 방법도 간단하여 물이나 말 젖에 풀어서 국처럼 먹는다. 두 달 분의 식량을 휴대하였지만 말에게 부담이 될 정도로 무겁지는 않았다.

베네치아 공화국의 상인이자 탐험가인 마르코 폴로의『동방견문록』에 보면 "몽골 전사들은 음식을 조리하기 위하여 불을 피우지 않고도 열흘 동안 이동할 수 있으며, 이동 중에 가축의 젖을 짜고 가축을 도살하여 식량을 만들었다."라고 적혀 있다.

그들은 물이 없으면 말의 피도 마셨다. 가늘게 자르거나 가루를 낸 육포와 말린 우유를 휴대하였다가 말 위에서 먹었다. 다급하여 생고기를 말릴 시간이 없으면 생고기를 안상 밑에 넣어 씹을 수 있을 만큼 부드러워지면 식량으로 사용했다.

몽골군의 기동성은 한곳에 정착해 사는 사람들로서는 상상할 수 없을 만큼 대단한 것이었다. 요리를 하기 위해 식재료를 별도로 운반하고, 다듬고, 불을 지피고, 설거지까지 해야 하는 시간이 몽골군에게는 필요 없었다.

셋째는 특전술이었다. 몽골인들은 타고날 때부터 다른 종족과 사뭇 달랐다. 네 살부터 말을 타고 놀아 말과의 일체감이 뛰어났다. 말은 아이들에게 익숙하고 재미있는 장난감 같은 존재였다. 시력은 다른 종족에게서는 찾아볼 수 없을 정도로 좋아 독수리나 매처럼 멀리 있는 사물을 식별할 수 있었다.

　동물을 길러 생계를 유지하는 몽골인들을 세계 무대로 진출할 수 있게 해준 것은 말이었다. 교통수단뿐만이 아니라 전쟁의 필수 무기이고 생활의 도구였다. 말을 다루는 능력은 타민족이 추종할 수 없을 만큼 뛰어났다. 전장에서 그들이 적을 제압하는 탁월한 재능은 말이 있었기에 가능했다. 몽골의 어린아이들이 정착민의 훈련된 기마병보다 훨씬 말을 잘 부린다고 해도 틀린 말이 아니었다. 그만큼 말과의 밀착성이 뛰어났다. 말과 몽골족의 일체감은 특별한 전술이 되어 전쟁의 승리를 거머쥐게 된다. 몽골의 전사들 한 명 한 명은 하나의 조직이고 기관이었다. 몽골족의 뛰어난 소질을 계발하고 최고의 능력을 발휘하도록 훈련시키고 이들이 전력을 다해 한곳에 몰입하게 힘을 실어준 사람은 칭기즈 칸이었다.

칭기즈칸의 생애

칭기즈칸의 생애

영웅을 기다리는 초원의 사람들

초원의 사람들은 영웅을 기다리고 있었다.

몽골의 초원에서는 부족들 간의 싸움이 그칠 날이 없었다. 먹을 것과 가축을 놓고 치열하게 싸웠다. 몽골 내부의 싸움이라 큰 이득도 없으면서 서로 상처만 커져갔다. 부족들은 속으로 싸움을 끝내줄 영웅을 기다리고 있었다.

이곳 초원에서의 약자들은 강자에게 삶을 의탁해야 겨우 생명을 보존할 수 있었다. 강자는 약자를 지배하며, 다른 강자와 한바탕 전투를 치러 먹을 것과 입을 것을 빼앗아 살아가는 세상이었다. 그러나 무리를 이끌던 우두머리가 죽게 되면 그 밑에서 충성을 다하던 사람들도 자신의 살길을 찾아 뿔뿔이 흩어졌다. 다른 강자를 찾아가지 않으면 혼자 고립되어 살아갈 수가 없기 때문이었다.

긴 세월 동안 초원에는 몽골 전체를 통일할 강자가 나타나지 않았다. 다가올 미래를 누가 이끌어 갈 것인가의 문제는 초원의 부족 모두의 관심사가 되어 가고 있었다. 푸른 초원에서는 조금씩 권력 이동을 예고하는 말발굽 소리가 들리기 시작했다. 가난을 극복하려는 젊은 전사들의 심장소리였다.

몽골인에게 사냥은 특별한 의미를 가지고 있었다. 그 첫 번째 의미는 군사 훈련을 위한 방법으로, 말을 타고 늑대나 곰을 잡는 일이었다. 비록 사냥이지만 그들에게는 생존을 위한 전쟁이었다. 사냥감을 놓치는 것은 엄청난 수치였다. 두 번째 의미는 전투 식량을 준비하는 방법이 사냥이었다. 전쟁하듯 동물을 잡아 고기를 말리고 그 가죽으로 옷을 만들었다.

평소 자신들이 가지고 다니는 것이 매우 소박하듯이 전쟁 준비도 간단했다. 다른 나라에서 보면 초라하기 이를 데 없는 형편없는 전쟁 준비였다. 그러나 훈련은 승리의 기폭제가 될 씨앗들이었다. 아주 작은 수의 기마부대는 전쟁 준비를 완료했다.

자신들의 문화를 가지고 예의와 범절을 논하던 선진 문명국가의 사람들이 이들을 무식하고 야만적이라며 멸시할 때 전쟁은 시작되었다.

칭기즈칸은 죽음을 담보로 전 세계 영토를 점령해 가면서 그동안 온갖 핍박과 배고픔으로 하루하루 연명해오던 몽골 부족에게 정복지에서 나온 물품들을 몽골로 가져와 나누어 주기 시작했다. 칭기즈칸은 초원의 왕자가 된 후 순식간에 동쪽 고려에서 서쪽의 폴란드와 이집트에 이르기까지 유라시아 대륙을 아우르는 광대한 영토를 지배하게 되었다.

칭기즈칸의 푸른 군대는 그 숫자를 아무리 많이 잡아도 20만 명이 되지 않았다. 인류 역사에서 20만 명의 군대로 이렇게 넓은 영토를 점령한 사람이 있었는가. 당시 몽골족의 전체 인구가 200만 명이었다고 한다.

5천만 명이 넘는 대한민국의 청년들에게 귀감이 되었으면 좋겠다. IT강국의 한국인들이 충분히 세계를 정복할 수 있을 것이라 믿어본다.

끼니를 걱정해야 하는 초원에서 태어나 문화를 누릴 여유조차 없었고 글을 배워보지도 못한 가난한 칭기즈칸은 어릴 적 자신의 그림자 말고는 대화할 친구도 없고, 말꼬리 말고는 채찍을 만들 재료도 없는 척박한 초원에서 자랐다. 보이는 것은 풀과 드문드문 서 있는 숲이 전부였다. 꿈과 현실 사이는 멀지만 꿈을 현실화하는 것이 인생이다. 글은 몰랐지만 세상은 지식으로 사는 것이 아니라 지혜로 사는 것이라는 진리를 깨달아가기 시작했다.

어릴 적 칭기즈칸은 의형제였던 자모카의 지혜를 당할 수 없었으며, 힘으로는 동생 카사르를 이길 수 없었다. 칭기즈칸은 언제나 남의 말에 귀를 기울일 줄 알았다. 그는 힘이 없었지만 많은 친구를 사귀고 같은 생각을 가진 동지들을 만났다.

몽골의 푸른 전사들은 강하고 언제나 적보다 빨랐다. 개개인의 강인한 능력들이 칭기즈칸이라는 인물에 의해 통합되면서 힘은 극대화되었다. 산업화된 금세기에도 속도는 성공의 중요한 요소이다. 속도는 그들에게 일상이 되었지만 한곳에 정착하며 살아가는 사람들에게는 마치 귀신과 같은 존재로 여겨졌다. 자신들을 공격하고 간 무리가 누구인지 어디서 왔는지를 몰랐다. 공격을 당하고도 그들의 실체를 파악하지 못한 정착민들은 먼지를 휘날리며 바람처럼 왔다가 사라진 후에 자신들이 전쟁에 패했다는 것을 알았다.

인류 역사상 20만 명의 적은 군대가 순식간에 이처럼 넓은 영

토를 정복한 경우는 없었다. 이제 칭기즈칸의 생애에 대해 알아
보자.

칭기즈칸의 아버지 예수게이와 어머니 호엘룬

초원은 살벌했다. 죽고 죽이는 살육이 일상화된 야생지대에
서 강자의 법칙이 작동하고 있었다. 여자는 하나의 상품처럼 강
한 자가 차지하면 그만이었다. 몽골 초원에서는 약탈혼이 다반
사였다. 약탈혼掠奪婚은 강자가 약자의 결혼 상대인 신부나 아내
를 납치해 차지하는 것으로, 납치혼이라고도 부른다.

칭기즈칸의 아버지는 보르지긴 씨족의 족장이자 몽골 부족 연
합인 카묵 몽골의 지도자였고 이름은 예수게이였다. 어느 날 그
는 오난 강에서 매 사냥을 하고 있었는데, 메르키트족의 예케 칠
레두가 신부를 마차에 태우고 부족 마을로 가고 있었다. 예수게
이는 멀리서 마차가 가는 것을 보고 호기심에 말을 달려 다가가
보니 미모가 빼어난 여인이 마차에 앉아 남편을 따라가고 있었
다. 예수게이는 욕심이 생겼다. 미인은 용감한 남자가 차지해야
한다고 생각했다.

예수게이는 급히 집으로 달려와 형 네쿤 타이지와 동생 다리타
이에게 도움을 요청했다. 의기투합한 세 사람은 속도를 내어 달
렸다. 멀리 예케 칠레두의 말과 마차가 보였다. 그러나 앞서가던

예게 칠레두도 세 사람이 왜 자신을 향해 빠르게 달려오는지 직 감했다. 자신의 여자를 빼앗기 위한 추격임을 알았지만 혼자서 상대할 수 없었다.

위기감을 느낀 예케 칠레두는 언덕을 넘고 비탈진 내리막을 죽 을힘을 다해 내달렸다. 그러나 한참을 달린 뒤에도 마차의 속도는 점점 느려졌고, 추격자와의 거리는 좁혀졌다. 신부를 빼앗기는 것 은 신랑으로서 최대 수치였지만 세 사람을 이길 수는 없었다.

그때 신부 호엘룬이 침착하게 달리는 마차에서 자신의 신랑 인 예케 칠레두에게 말했다.

"저 세 사람의 인상이 예사롭지가 않아요. 당신의 목숨을 해칠 얼굴들이에요. 당신은 살아남아야 해요."

이미 상황이 기울었으니 자신을 버리고 도망가는 것이 하나뿐인 목숨을 지키는 최선이라는 의미였다.

"당신은 살아 있어야 예쁘고 건강한 여자를 다시 얻을 수 있으니 나를 두고 도망가세요. 나중에 예쁜 여인을 얻으면 이름을 호엘룬이라 지어주세요."

호엘룬은 겁에 질려 어찌할 바를 모르는 신랑에게 마지막 선물로 자신의 저고리를 벗어 주며 말했다.

"이것이 당신에게 드리는 마지막 선물이자 나의 체취니까 받아주세요."

예케 칠레두가 말 위에서 몸을 굽혀 그녀의 저고리를 받으려 할 때, 추격자 세 사람은 이미 마차 근처까지 다가와 있었다. 예케 칠레두는 황급히 말의 뒷다리를 채찍으로 내리치며 오난 강을 거슬러 달아나기 시작했다.

그러자 세 추격자는 달아나는 예케 칠레두를 더 이상 뒤쫓지 않고, 느린 속도로 가는 호엘룬의 마차 주위를 둘러싼 뒤 고삐를 빼앗았다. 모든 것을 포기한 듯 호엘룬은 하늘을 향해 혼잣말을 했다.

"내 신랑 예케 칠레두는 바람을 거슬러도 머리칼을 흩뜨린 적이 없었고, 거친 들에서도 배를 주린 적이 없었는데 지금은 어찌

하여 두 갈래 머리를 한쪽은 등 뒤로 하고 한쪽은 가슴으로 내려 달아나는가?”

허공에 내뱉은 아쉬움과 안타까움의 독백이었다. 머리카락을 휘날릴 정도로 열심히 살아본 적이 없는 신랑 예케 칠레두가 위기 앞에서 자신의 반쪽을 버리고 죽을힘을 다해 도망가는 모습을 보며 느낀 서운함과 슬픔이 담겨 있었다.

서러운 감정에 가슴이 먹먹해진 호엘룬은 갑자기 오난 강 주변 숲이 울리도록 큰 소리로 울기 시작했다. 옆에서 지켜보던 예수게이의 막냇동생 다리타이가 신부 곁으로 다가가 조용히 말했다.
“그대가 그리워하는 사람은 이미 몇 개의 고개를 넘고 여러 물을 건넜을 것이오. 아무리 외쳐도 돌아오지 않을 것이고, 지금 그대를 찾아 나선다 해도 그의 길을 찾지 못할 것이니 이제 울음을 멈추시오.”

그는 도망간 사내에 대한 미련을 접으라는 뜻으로 한참을 달랬다. 감정을 추슬러 안정된 신부 호엘룬을 예수게이는 집으로 데려왔다. 몽골 초원에서나 볼 수 있는 특이한 결혼법이었다.

이 이야기가 〈몽골비사〉에 기록되어 있는 것으로 보아 당시 약탈혼의 인식이 어떠했는지를 알 수 있는 대목이다.

칭기즈칸의 탄생과 이름 테무진

신부 호엘룬은 원래 몽골계 옹기라트 부족 내 올코노드 씨족의 귀족 가문에서 태어났다. 호엘룬의 친정 가문은 냉엄한 초원의 규칙을 받아들여 예수게이를 사위로 인정했지만, 신부를 빼앗긴 신랑 예케 칠레두의 가문인 메르키드 족은 수치심을 씻기 위해 복수를 다짐하며 결집했다.

1162년 칭기즈칸은 아버지 예수게이와 어머니 호엘룬 사이에서 태어났다. 아버지 예수게이는 보르지긴 씨족의 강력한 족장이었다. 어느 날 그는 수시로 자신들의 부족을 괴롭히던 타타르족과 치열한 전투를 벌였다. 그 전투에서 테무진 우게와 코리 보카 등 타타르족의 장수들을 크게 물리치고 전리품을 약탈한 뒤 집으로 돌아왔다. 그때 임신 중이던 호엘룬이 오난 강의 델리운 동산에서 칭기즈칸을 낳았다.

예수게이는 포로로 잡은 타타르족의 장수 테무진 우게를 무릎꿇리고 근엄한 목소리로 물었다.
"너를 살려 줄 테니 나의 수하가 되겠느냐?"
"나는 적에게 머리를 숙이며 살지 않겠다."

테무진 우게는 죽음을 앞두고도 당당하고 의연했다. 예수게이는 그의 기개에 잠시 마음이 흔들렸지만 결국 적장을 그 자리에서 처형했다. 그리고 방금 태어난 아들의 이름을 그 적장의 이름을 따 '테무진'이라 지으며 말했다.

"비록 적장이었지만 장수답게 죽었다."

아기 테무진은 태어날 때 오른손에 주사위만 한 핏덩이를 움켜쥐고 있었다고 전해진다. 이 탄생 일화는 훗날 그의 전투와 승리, 광대한 영토를 소유할 운명을 상징하는 징표로 해석되었다. 큰 인물이 될 것을 알리는 듯한 이야기였다.

예수게이와 호엘룬은 테무진 외에도 카사르, 카치온, 테무게 네 아들과 딸 테물룬을 두었다. 테무진의 탄생은 초원의 큰 변화를 예고하고 있었다.

예수게이는 몽골 초원에서 주목받는 지도자였다. 그 이유는 누구도 갖지 못한 대화와 타협에 관한 탁월한 능력을 가지고 있었지만, 승리라는 결과를 얻기 위해서는 절차나 방법 따위를 중요하게 여기지 않는 사람이었기 때문이다. 호엘룬을 약탈해 아내로 맞아들인 일 또한 이런 성향과 맞닿아 있었다. 목표가 정해지면 수단의 정당함을 따지지 않는 냉철함과 상대를 제압하는 힘을 함께 갖춘 인물이었다.

예수게이의 최대의 적은 타타르족이었다. 이들과의 전쟁은 무려 13차에 걸쳐 이어졌다. 예수게이는 몽골 초원의 또 다른 세력인 타이치우드 족의 족장 타르코타이 키릴토크와 동맹을 맺고, 위험에 빠진 케레이트 족의 군주 옹칸을 도왔다. 이때 옹칸과 예수게이는 '안다Anda'를 맺었다.

몽골에서 안다는 단순히 형제나 친구 이상의 관계를 뜻한다. 서로 목숨을 맡길 만큼 강력한 맹약이었고, 이 약속은 자식 세대까지 이어졌다. 이를 어기는 것은 장부답지 못한 일로 여겨졌다. 옹칸은 예수게이에게 감사의 뜻을 전했다.

"너의 은혜는 반드시 갚을 것이며, 우리의 맹약은 자손에게까지 이어질 것을 하늘과 땅에 맹세한다."

이 '예수게이와 옹칸의 안다 맹약'은 훗날 칭기즈칸의 인생에 중요한 변수가 된다. 두 사람의 약속은 아들 세대까지 이어지지만, 이후 협력과 배신이 교차하며 큰 파란을 일으킨다.

테무진의 아내 부르테

테무진은 어린 나이에 약혼을 했다. 아홉 살이었다.

예수게이는 테무진이 아홉 살이 되자 아내 호엘룬의 부족인 올코노드 사람들에게 아들을 데리고 갔다. 테무진의 색시를 구하고자, 아내의 친정 부족을 찾은 것이다. 비록 호엘룬을 약탈해 아내로 맞았지만 예수게이는 올코노드 부족에게는 엄연히 사위였다.

처갓집으로 가는 길에 올코노드 씨족의 현자 데이 세첸을 만나게 되었다.

"예수게이 사돈, 어떤 일로 이곳을 찾으셨습니까?"

예수게이가 대답했다.

"예, 이 아이는 제 아들입니다. 아이 외가 쪽 올코노드 사람들 중에서 색시감을 찾아보려 가는 길입니다."

데이 세첸이 미소 지으며 말했다.

"사돈의 아들은 눈에 불이 있고 얼굴에는 빛이 도는 소년이군요. 그런데 제가 간밤에 꿈을 꾸었는데, 흰 송골매가 해와 달을 움켜쥐고 날아와 제 손에 앉았습니다."

현자는 말을 이었다. 예수게이는 진지한 얼굴로 그 말을 기다렸다.

"내가 아는 사람에게 꿈 해몽을 부탁했지요. '송골매가 해와 달

을 움켜쥐고 날아와 내 손에 앉았다'는 꿈이 무엇을 뜻하겠는가 물었더니, 틀림없는 길몽이라고 했습니다. 사돈이 아들을 데리고 오는 날 꾼 꿈이니 조상님의 계시이자 테무진의 앞날에 큰 복이 있으리라는 뜻이겠지요."

예수게이는 놀랐다. 테무진을 데리고 오기 전 이미 현자가 그런 꿈을 꾸었다니. 길몽이라면 테무진을 사위로 맞겠다는 말인가?

현자는 다시 말했다.

"예로부터 옹기라트 부족의 딸들은 예쁜 얼굴과 빼어난 자태를 지녔습니다. 이곳 사람들은 손녀나 딸의 미모를 길러 높은 사람 곁에 앉게 하곤 하지요."

그 말은 어린 테무진을 장차 칸이 될 인물로 인정하고 딸을 주겠다는 뜻으로 들렸다.

이윽고 데이 세첸이 제안했다.

"예수게이 사돈, 우리 집으로 가봅시다. 제 딸이 아직 어리지만 한 번 보시지요."

데이 세첸은 예수게이와 테무진을 집으로 데려갔다.

예수게이는 현자의 딸을 보았다. 그녀는 눈이 초롱초롱하고 얼굴빛이 밝았으며, 성격은 강인해 보였다. 예수게이는 첫눈에 며느리로 손색이 없다고 생각했다. 이름과 나이를 물으니 이름은 부르테, 나이는 테무진보다 한 살 많은 열 살이라고 했다.

데이 세첸의 집에서 하룻밤을 묵은 뒤 이튿날 예수게이는 청혼했다.

"여러 번 청해야 우러러보고, 단 한 번만 청해도 받아주면 업신여기는 꼴이 됩니다. 그러나 딸 된 사람의 운명은 태어난 집에서 늙지 않는 법이니, 제 딸을 드리겠습니다."

현자는 담담하고 간결하게 말했다.

예수게이는 정중히 고개를 숙이며 답했다.

"제 아들을 사위로 현자께 맡기겠습니다."

그리고 웃음을 머금은 채 덧붙였다.

"한 가지 부탁드리자면, 제 아들은 개를 무서워하는 편입니다. 개를 잘 관리해 주십시오."

뜻밖의 농담이지만 아들을 두고 가는 아버지의 당부에는 깊은 애정이 담겨 있었다. 예수게이는 자신의 예비 말을 예물로 건네고 테무진을 데이 세첸에게 맡긴 채 고향으로 돌아갔다.

이곳에는 신랑이 신부 집에 머물며 일을 돕다가 첫아이를 얻으면 독립하거나 본가로 돌아오는 데릴사위 풍습이 있었다.

아버지 예수게이의 죽음

예수게이는 예비사돈에게 아들 테무진을 맡기고 집으로 돌아가는 길에 첵체르 시라 초원에서 타타르족이 잔치를 벌이는 모습을 보게 되었다. 목도 마르고 구경도 할 겸 잠시 말에서 내렸다. 몽골 부족들에게 나그네는 좋은 소식을 가져오는 사람이라 하여 후한 대접을 하는 풍습이 있었다.

그러나 예수게이의 부족과 타타르족은 오랜 숙적 관계로 서로 경계하며 지내는 사이였다. 사실 아들 테무진이라는 이름도 자신이 죽인 타타르족 적장의 이름이었다.

"예수게이 칸이 나타났다."
타타르족 중 예리하게 생긴 한 사람이 예수게이를 발견하고 은밀히 그 출현을 수장에게 알렸다. 보고를 받은 수장은 예수게이를 조용히 사살하라는 명령을 내렸다.

조용하고 간단하게 목숨을 끊는 방법은 음식에 독을 타는 것이었다. 잔치가 무르익은 타타르족 주방에서는 예수게이를 처리하기 위해 독을 섞은 음식을 한 상 푸짐하게 차렸다.

타타르족에게 배불리 대접받은 예수게이는 인심과 포만감에 기분이 좋아져 콧노래를 부르며 집을 향해 말을 달렸다. 그러나 한참 달려오면서 점점 몸 상태가 이상해짐을 느꼈다. 강인한 정신력으로 버티며 사흘 밤낮을 달려 게르에 도착한 예수게이는 타타르족 잔칫상에 문제가 있었음을 뒤늦게 깨달았지만 이미 목숨이 위태로운 상태였다.

예수게이는 바깥에 있는 사람을 찾았다.
"속이 아프다. 밖에 누가 있느냐?"
부족의 한 사람이 대답했다.
"예, 콘고탄 씨의 아들 몽릭이 가까이 있습니다."

부름을 받고 게르로 들어온 몽릭에게 예수게이가 말했다.
"몽릭아, 내가 어린 아들 테무진을 사위로 맡겨 놓고 돌아오는 도중 타타르족에게 해코지를 당했다. 내 속이 너무 좋지 않구나. 어린 내 아들과 아내를 네가 보살펴 주기 바란다. 그리고 내 아들 테무진을 빨리 가서 데리고 오너라."

몽릭은 예수게이의 말을 듣자 곧바로 데이 세첸을 찾아가 사정을 설명했다.
"예수게이께서 테무진을 몹시 그리워하십니다. 테무진을 데려가게 해 주십시오."

데이 세첸은 흔쾌히 대답했다.

"당연히 보내야지요. 얼른 데려가시오."

몽릭은 테무진을 데리고 급히 돌아왔지만 예수게이는 이미 숨을 거둔 뒤였다.

예수게이가 세상을 떠난 뒤 첫 번째 봄, 부족 모두가 조상들의 묘역으로 제사를 지내러 갔다. 그러나 호엘룬 부인에게는 성묘 날짜를 알리지 않아 그녀는 모르고 있다가 뒤늦게 소식을 듣고 서둘러 출발했지만 막상 도착해보니 이미 제례는 끝나고 부족이 모여 음식을 나누어 먹고 있었다. 몽골 초원의 부족들은 제사 음식을 함께 나누는 것이 상례였다. 그러나 조금 늦었다 하여 음식도 주지 않고 비아냥거리며 노골적으로 호엘룬을 따돌렸다.

호엘룬 부인이 조용한 목소리로 물었다.

"남편이 죽고 아들이 장성하지 않았다고 해서 왜 음복조차 못하게 합니까. 어찌 부족장의 아내에게 이리 냉담하게 대하며, 성묘 날을 내게 알리지 않았습니까?"

그러자 옆에 있던 두 여인이 퉁명스럽게 대답했다.

"당신을 굳이 청해서 음식을 주라는 법이 어디 있소. 때에 맞춰 왔으면 같이 먹었을 것이오."

족장이었던 예수게이가 죽자 사람들은 호엘룬을 대하는 태도를 바꿨다. 과거처럼 공손한 예의는 사라지고 그녀의 가족을 철저히 무시하기 시작했다. 그들에게 호엘룬은 남편 없는 보통 과부일 뿐이었다.

제사가 끝나자 부족의 원로들이 선언했다.
"우리는 이제 이동할 것이다. 굳이 이들을 데리고 갈 필요는 없다."

그 말에 호엘룬의 가족만 남기고 부족들은 하나둘 목영지를 떠나기 시작했다. 옆에 있던 콘코탄의 차라카 노인이 원로의 앞길을 막고 함께 갈 수 있게 해 달라고 애원하자, 한 부족민이 냉정히 말했다.
"깊은 물은 말랐습니다. 흰 돌이 부서졌습니다."
이는 족장이 죽었으니 살기 위해 다른 길을 선택해야 한다는 뜻이었다.

그러나 차라카 노인이 다시 호엘룬 가족과 함께 가자고 사정하며 매달리자 그들은 창으로 그의 등을 찔렀다. 상처를 입은 차라카 노인은 쓰러졌다. 이 소식을 들은 테무진은 노인의 집을 찾아가 상처를 어루만지며 위로했다. 차라카 노인은 힘겹게 말했다.

"훌륭하신 네 아버지가 우리 부족을 모으셨다. 우리 부족이 뿔뿔이 흩어지게 할 수는 없었는데, 끝내 말리지 못하고 이렇게 당하고 말았구나."

테무진은 그 자리에서 한참을 울다가 집으로 돌아왔다.

호엘룬 부인은 직접 부족의 깃발을 들고 말을 몰아 떠나는 몇 사람을 설득했으나, 그들은 잠시 머뭇거리다가 다시 일행을 따라 떠나버렸다.

테무진, 자신의 형을 죽이다

타이치오드 형제들이 예수게이의 부인 호엘룬과 자식들을 버리고 떠나자 호엘룬은 여장부로 다시 태어났다.

호엘룬은 어린 자식들을 바르게 키우기 위해 모든 힘을 쏟았다. 허기를 달래기 위해 허리띠를 바싹 졸라매고 앵두와 머루를 따러 오난 강변을 위아래로 뛰어다녔다. 남성 못지않은 담력을 지닌 호엘룬은 야생 열매와 풀뿌리를 캐서라도 자식들을 굶기지 않고 키우려 했다.

세월이 흐르자 아이들은 족장이 될 만큼 성장했다. 침착하고 사내다운 기개를 지녀 현자 소리를 들을 정도였다. 비록 오난 강 기슭에서 물고기를 낚고 초근목피로 연명했지만, 호엘룬은 자신의 희생보다 더 잘 자라 준 아이들이 고마웠다. 이곳 사람들은 양고기나 말·소고기를 주식으로 삼았기에, 물고기나 산나물을 캐어 먹고 사는 것을 연명이라 여기며 큰 수치로 생각했다.

어느 날 테무진의 생애에서 가장 불미스러운 일이 벌어졌다. 형제 간에 살인 사건이 일어난 것이다.

호엘룬의 네 아들인 테무진, 카사르, 벡테르, 벨구테이가 함께 앉아 낚시를 하고 있었다. 테무진이 물고기 한 마리를 잡았는데, 벡테르와 벨구테이가 그것을 빼앗았다. 너무 억울해진 테무진과 카사르는 집으로 돌아와 어머니에게 일렀다.

"우리가 빛나는 물고기를 한 마리 낚았는데 벡테르와 벨구테이가 빼앗아 갔어요."

그 말을 다 들은 호엘룬은 타일렀다.

"그만두거라. 너희들은 형제들이다. 우리에게는 그림자 말고는 동무도 없지 않느냐."

지금의 어려운 상황을 상기시키며 호엘룬은 물었다.

"너희끼리 싸워서야 타이치오드 족에게 당한 수모를 갚을 수 있겠느냐?"

테무진은 어릴 적 타이치오드 족에게 붙잡혀 포로가 된 적이 있었다. 그 경험은 그의 성장 과정에 큰 영향을 미쳤다.

어머니의 말에 마음이 상한 테무진과 카사르는 소리쳤다.

"어제도 화살로 잡은 작은 새를 빼앗아 갔고, 오늘은 물고기까지 빼앗아 갔잖아요."

그리고 거칠게 문을 닫고 나가 버렸다. 갈등은 시작되고 있었다.

테무진과 카사르는 호엘룬의 아들이고, 벡테르와 벨구테이는 예수게이의 첫부인이 낳은 아들이었다. 아버지는 같았으나 어머니가 달랐다. 이복형제 간의 갈등이 내부에서 끓고 있었다.

어느 날 벡테르가 둔덕 위에서 거세한 말 아홉 마리를 지키고 있었다. 테무진은 뒤에서 활을 겨누고, 카사르는 앞에서 화살을 시위에 메기고 몰래 다가갔다. 벡테르는 먼저 카사르를 보고 말했다.

"타이치오드 부족들과는 한을 풀지 못하면서 나를 해코지하려 하느냐? 너희는 왜 나를 눈에 빠진 속눈썹, 입 안의 가시로만 여기느냐? 우리에게는 그림자밖에 다른 동무가 없는데 서로 의지하고 도와야 하지 않겠느냐?"

그러나 테무진과 카사르의 활시위는 여전히 당겨진 채였다. 벡테르는 순간 두 사람이 자신의 죽일 마음을 바꿀 뜻이 없음을 알았다. 그는 말을 마친 뒤 다리를 틀고 앉아 화살을 기다렸다. 테무진과 카사르는 앞뒤에서 활을 쏘았고, 벡테르는 화살을 맞고 앞으로 쓰러졌다.

두 아들이 집에 돌아오자 호엘룬은 표정만 보고도 직감했다.
"큰일이 났구나."

그리고 비장하고도 안타까운 마음으로 아들들을 꾸짖었다. 〈몽골비사〉에는 그 절규가 이렇게 전해진다.

"제 형제를 죽인 놈들아,

내 뜨거운 뱃속에서 나올 때

네놈은 손에 검은 핏덩이를 쥐고 태어났단다.

자신의 태반을 물어뜯는 카사르 개처럼,

바위에서 덤벼드는 표범처럼,

제 분을 누르지 못하는 사자처럼,

산 채로 삼키려는 망고스처럼,

제 그림자에 덤벼드는 송골매처럼,

소리 없이 삼키는 매기처럼,

제 새끼 뒷굽을 물어뜯는 수 낙타처럼,

눈보라 속에서 밀려오는 이리처럼,

제 새끼를 쫓아내는 원앙처럼,

소굴을 건드리면 떼 지어 덤벼드는 승냥이처럼,

잡아서 길들일 수 없는 호랑이처럼,

이유 없이 덤벼드는 개처럼,

제 형제를 죽였다.

그림자밖에는 다른 동무가 없고,

꼬리 말고는 다른 채찍도 없다.

타이치오드 족의 원한과 원수는 누가 갚겠느냐.

어떻게 살려고 네놈들이 이따위 짓을 했단 말이냐."

호엘룬은 서로 도우며 살아도 부족한데 형제가 형제를 죽이는 일은 도저히 용납할 수 없었다. 그녀는 옛이야기를 들려주며 두

아들을 무섭게 꾸짖고 또 꾸짖었다.

테무진의 첫 번째 시련

염려하던 일이 현실이 되고 있었다. 호엘룬이 꾸짖으며 했던 우려의 말이 그대로 이루어지기 시작한 것이다. 타이치오드 형제들에게 아직 원수 갚기를 하지 못했는데 형제끼리 싸우고 죽이는 일은 있어서는 안 된다고 했던 어머니의 걱정이 눈앞에서 드러나고 있었다.

타이치오드의 부족장 타르고타이 키릴톡이 부하들을 이끌고 테무진을 없애기 위해 접근하고 있었다. 키릴톡에게 테무진은 미래의 적이었다. 아버지를 닮아 지도자로 성장할 가능성이 있다고 본 것이다. 테무진의 성장은 앞으로 큰 골칫거리가 될 수 있으니 미리 제거해야 할 존재였다.

"병아리들이 털을 갈았다. 두 살배기 양들이 질금거린다."
아직 덜 자란 병아리나 양에 빗대어 어린 테무진을 없애려는 마음을 드러낸 말이었다.

초원에서는 한순간의 방심이 곧 죽음이나 노예의 굴욕으로 이어질 수 있었다. 타르고타이 키릴톡이 부하들을 데리고 맹렬히 달려오자 호엘룬 가족은 두려움에 휩싸였다. 그들은 황급히 숲으로 몸을 숨기고 울타리를 치며 활을 쏘아 대항했다.

그때 타이치오드 부족 중 한 사람이 소리쳤다.

"너희 형 테무진을 내보내라. 우리가 원하는 건 테무진뿐이다."

이 말을 들은 테무진은 재빨리 말을 타고 깊은 숲속으로 도망쳤다. 곧 타이치오드 부족이 그를 발견하고 외쳤다.

"저기 테무진이 도망간다!"

테무진은 사력을 다해 달렸지만 무리는 끈질기게 뒤쫓았다. 그는 테르구네 고지의 울창한 숲으로 숨어들었고, 타이치오드 무리는 더 이상 따라오지 못했다. 숲속에서는 화살이 어디서 날아올지 몰라 그들도 공격을 주저했을 것이다.

숲속에 홀로 남은 테무진은 쉽게 밖으로 나갈 수 없었다. 밖에는 수적으로 훨씬 많은 적이 기다리고 있었다. 사흘을 숲에서 지내며 고민하던 그는 말을 보다가 이상한 점을 발견했다. 안장이 벗겨져 있었던 것이다.

"안장이 왜 벗겨졌지? 하늘이 나가지 말라고 말리는 것인가?"
불길한 예감이 스쳤다. 결국 그는 숲을 떠나지 않고 다시 사흘을 더 머물렀다.

아흐레가 지나자 굶주림이 극심해졌다. 더는 버틸 수 없었다. 그러나 숲 입구에는 집채만 한 흰 바위가 굴러와 길을 막고 있었다.
"하늘이 내 발걸음을 막는 것이로구나."
테무진은 이 모든 징조가 특별하다고 느꼈다. 다시 사흘을 더 지냈지만 굶어 죽을 것 같았다. 마침내 그는 결심했다.

"사나이로 태어나 이름 없이 죽을 수는 없다. 나가자."

그는 흰 바위 옆으로 좁은 틈을 만들고 몸을 겨우 빼내 말을 타려는 순간, 숨어 있던 적의 군사들이 모습을 드러냈다. 타이치오드 부족이 그가 나오기를 기다리고 있었던 것이다. 저항할 틈도 없이 그는 붙잡혔다.

타르고타이 키릴톡은 부족 사람들에게 명령했다.
"집집마다 하루씩 돌아가며 테무진을 감시하라."

그리고 테무진이 도망치지 못하도록 그의 목에 나무 형틀을 씌웠다. 돌이켜보면 타르고타이 키릴톡과 테무진 사이에는 단순한 증오만 있던 것은 아니었다. 예수게이와 함께 연맹을 맺었던 기억이 남아 있었기에 그의 마음은 복잡했을 것이다.

생명의 은인, 소르칸 시라와 아들 침바이와 칠라온

여름날이었다. 뜨거운 태양 아래 타이치오드 족은 오난 강변에서 잔치를 벌이다가 해가 지자 뿔뿔이 흩어지기 시작했다.

테무진을 잔치 마당에 강제로 데리고 온 사람은 약골의 소년이었다. 집집마다 번갈아 가며 테무진을 감시했는데, 오늘은 그 소년이 임무를 맡았기 때문이다.

사람들이 흩어지자 테무진은 눈치를 보다가 목에 걸린 나무형틀을 붙잡고 있던 소년을 밀쳐내고, 형틀로 소년의 머리를 힘껏 내리친 뒤 달아났다. 그러나 목에 채워진 나무형틀 때문에 멀리 도망가지 못하고 오난 강의 숲속에 몸을 엎드렸다.

잠시 후 발각될 것 같다는 생각에 얕은 강물로 들어가 물이 흐르는 방향으로 목을 두고, 숨을 쉬기 위해 얼굴만 수면 위로 내놓았다.

"포로를 놓쳤어요!"

테무진을 놓친 소년이 큰 소리로 외쳤다. 흩어졌던 타이치오드 부족들이 순식간에 모여들었다. 대낮처럼 밝은 달빛 아래 그들은 오난 강의 숲을 샅샅이 뒤졌다. 여울에 몸을 숨기고 얼굴만 내놓은 테무진을 발견한 이는 타이치오드가 아니라 솔두스 족의 소르칸 시라였다.

소르칸 시라는 속삭이듯 말했다.

“재주가 있구나. 눈에는 불이 있고 얼굴에는 빛이 있으니 타이치오드 부족이 너를 시기하겠구나. 그대로 누워 있어라. 내가 알리지 않겠다.”

잠시 뒤, 수색 중이던 무리에서 한 사람이 외쳤다.
“다시 돌아가 샅샅이 찾아보자!”

그러자 소르칸 시라가 말했다.
“각자 자신이 지나온 길은 빼고, 안 본 곳을 찾아보는 것이 좋겠습니다.”
그의 말은 테무진을 살리려는 의도였다.
“좋다!”
무리는 각자 다른 방향으로 흩어졌다.

소르칸 시라는 다시 테무진 가까이 다가와 속삭였다.
“타이치오드 부족이 끝까지 너를 찾을 것이다. 끝날 때까지 참고 누워 있어야 한다.”
그리고는 아무 일 없었다는 듯 자리를 떠났다.

타이치오드 부족은 테무진을 찾지 못하자 다시 제안이 나왔다.
“다시 돌아가 찾자.”

소르칸 시라가 역제안했다.
“해가 져 어두운 밤이 되었으니 어디로 도망가겠습니까. 내일 해가 뜨면 다시 모여 찾읍시다. 목에 칼을 쓴 놈이 멀리 가겠습니까.”

"좋다!"

무리들은 각자의 집으로 돌아갔다.

소르칸 시라는 다시 테무진 쪽으로 와서 말했다.

"모두 집으로 돌아가고 있다. 내일 해가 뜨면 다시 이곳을 찾을 것이다. 다른 사람에게 붙들려도 내가 너를 보았다는 말은 하지 마라. 가족을 찾아가라."

그리고는 아무 일 없었다는 듯 집으로 돌아갔다.

죽음의 문턱을 넘은 테무진은 생각했다.

지금의 상황을 벗어나려면 초원을 지나야 하지만, 목에 칼을 쓴 몸으로는 쉽지 않았다.

물속에 누운 채 궁리하던 그는 얼마 전 감시 순번이 돌아 소르칸 시라의 집으로 끌려갔을 때를 떠올렸다. 희미한 불빛 속에서 소르칸 시라의 아들 침바이와 칠라온이 눈물을 글썽이며 그의 목에 채운 칼을 풀어주고 편히 자게 했던 모습이 떠올랐다. 오늘 자신을 살려준 이도 소르칸 시라였다.

'나를 구해 줄 사람은 소르칸 시라 가족뿐이다.'

결심한 테무진은 젖은 몸을 일으켜 조심스레 오난 강을 따라 그의 집으로 향했다.

소르칸 시라의 집에서는 늦은 밤까지 말젖술을 담그고 있었다.

테무진이 인기척을 내며 들어서자 소르칸 시라는 놀라며 말했다.

“내가 가족을 찾아가라고 했을 텐데, 왜 여기에 왔나?”

테무진은 말없이 소르칸 시라를 바라보았다.

“왜 왔냐고 묻고 있네.”

소르칸 시라가 다시 나무라듯 물었다.

그때 침바이와 칠라온이 아버지를 막아서며 말했다.

“매가 작은 새를 덤불로 몰아넣으면 덤불이 새를 보호합니다. 우리에게 온 이를 어찌 쫓을 수 있겠습니까?”

소르칸 시라도 도와주고 싶었지만 위험이 따르는 일이었다. 그러나 아들들은 테무진의 목에 채워진 칼을 벗겨 불에 태우고, 양털을 쌓아 놓은 수레 속에 그를 숨겼다. 그리고 누이동생 카다안에게 당부했다.

“산 사람에게는 말하지 마라.”

다음 날도, 그다음 날도 부족민들은 테무진을 찾았다.

사흘째 되는 날 사람들은 외쳤다.

“누군가 그놈을 숨겼다. 틀림없다!”

서로를 의심한 그들은 제안했다.

“서로의 집을 뒤져 보자.”

소르칸 시라의 집도 예외는 아니었다. 주변은 물론 침대 밑까지 뒤지고, 양털을 실은 수레마저 헤집기 시작했다.

테무진이 발각되기 직전, 소르칸 시라는 짐짓게 말했다.

“이렇게 더운데 양털 속에 사람이 있다면 어떻게 되겠습니까?”

그 말에 수색자들은 의심을 거두고 발길을 돌렸다.

수색이 끝난 뒤 소르칸 시라는 테무진에게 말했다.

"자네가 나를 재로 만들 뻔했구나. 이제 어머니와 동생들을 찾아 떠나라."

정말 생명의 은인이었다.

고마움에 말없이 서 있는 테무진에게 소르칸 시라는 말 한 마리를 내주고, 어미 젖을 빠는 새끼 양을 잡아 음식을 만들어 말에 실어주었다. 가죽 부대와 통, 활과 두 대의 화살도 건넸다. 그러

나 말안장과 부싯돌은 챙겨주지 않았다. 혹시 잡히면 그 흔적으로 도와준 이가 드러날 수 있었기 때문이다.

테무진은 가족을 찾아야 했다. 하지만 유목민은 늘 이동하며 살아, 가족의 흔적을 찾기 쉽지 않았다. 게다가 쫓기는 몸으로 드넓은 초원을 헤맨다는 것은 더 어려운 일이었다.

그는 오난 강가를 따라 상류로 올라가, 서쪽 키모르가 개울 상류의 베데르 멧부리 코르초코 동산에서 마침내 가족을 찾았다. 가족들은 힘겹게 연명하고 있었다.

영원한 친구인 안다 보르오초

거세한 백마 여덟 마리를 강도 몇 명이 와서 끌고 갔다. 뻔히 보고 있었지만 속수무책이었다. 막내동생 벨구테이는 꼬리가 짧은 말을 타고 땅굴토끼 사냥을 나갔다가 저녁 해가 진 뒤에야 토끼 몇 마리를 잡아 집으로 돌아왔다.

"조금 전에 어떤 놈들이 와서 말들을 훔쳐갔어."
테무진이 돌아온 벨구테이에게 놀란 표정으로 사실을 말했다.

"그놈들을 내가 당장 가서 잡아올게."
벨구테이가 흥분하며 일어서려 하자 둘째 동생 카사르가 말리며 말했다.

“아니야, 내가 쫓아가서 빼앗아 오는 게 빠르겠어.”

서로 자기가 잡아오겠다고 야단법석을 떨었다. 테무진이 두 사람을 막아서며 말했다.

“너희들은 아직 많이 부족하니 내가 쫓아가 잡아 오겠다.”

말을 끝내기가 무섭게 테무진은 꼬리가 짧은 말을 타고 길을 나섰다. 말에 밟혀 쓰러진 풀을 보며 사흘 밤낮을 쫓아갔다.

오늘따라 유난히 아침 일찍부터 길가에 수많은 말과 사람들이 모여 있었다. 그중 한 소년이 말 젖을 짜고 있었다.
테무진이 소년에게 다가가 물었다.
“말을 훔쳐간 무리를 쫓고 있는데, 말은 거세한 백마야.”
소년이 자세히 알려주었다.
“오늘 아침 해가 뜨기 전에 거세한 백마 여덟 마리를 저쪽으로 몰고 갔어. 그 길을 내가 알려 줄게.”

테무진이 타고 온 꼬리가 짧은 말을 세워두고 소년은 테무진에게 다른 말을 내어주었다. 소년은 발 빠른 호박색 말을 탔다. 자신의 집에도 들르지 않고 살림살이인 가죽 부대와 젖 담는 통들을 들판에 감춰 놓고 함께 길을 떠났다.

“동무야, 고생이 많다. 내가 너의 동무가 되어줄게.”
그러면서 소년은 계속 말을 이어갔다.
“우리 아버지는 나코 부자이고 나는 그의 외아들 보르오초라고 해.”

“반갑다. 나는 예수게이의 아들 테무진이라고 해.”

두 소년은 말이 지나간 흔적을 따라 며칠 밤낮을 달려갔다. 저녁 해가 언덕에 기울 때 한 무리의 사람들이 모여 있는 곳에 다다랐다. 거세한 백마 여덟 마리가 그곳 가장자리에서 풀을 뜯고 있었다.

테무진이 보르오초에게 말했다.

“동무야, 너는 여기 있어. 내가 거세한 백마들을 몰아서 올게.”

보르오초가 테무진에게 말했다.

“나는 너하고 동무하자고 왔는데 여기 나 혼자 있으라고?”

말이 끝나기가 무섭게 보르오초는 테무진을 따라 들어가 풀을 뜯고 있는 백마들을 몰고 나왔다.

흰 말을 타고 장대 올가미를 든 사람이 앞장을 서고, 무리들은 그 뒤를 따라 요란하게 자신들을 쫓아오고 있었다.

보르오초가 소리쳤다.

"동무야, 활과 살을 나에게 줘. 내가 활을 쏴야겠어."

그 말을 듣고 테무진이 소리쳤다.

"나 때문에 네가 화를 입으면 안 되잖아. 내가 쏴야 해."

테무진이 말을 돌려 쫓아오는 일당들에게 활을 쏘았다. 따라오지 못하게 하기 위해서였다.

그러나 흰 말을 탄 사람이 장대 올가미로 신호하자 패거리들이 더욱 속도를 내며 따라오기 시작했다. 얼마 동안 추격이 계속되었지만 해가 지고 초원에 어둠이 깔리자 그들의 말발굽 소리도 멈추었다.

이슬을 맞으며 밤을 지새우는 것은 초원의 사람들에게 익숙한 일이다. 며칠 밤을 지새운 두 사람은 처음 만났던 곳에 도착했다.

테무진이 보르오초에게 감사의 뜻을 전했다.

"동무야, 그대가 아니었으면 내가 이 말들을 찾을 수 없었을 거야. 우리 같이 나누자."

"나는 동무에게 도움이 될까 하여 이 일을 했다. 무슨 전리품이라고 내가 이 말들을 갖겠나. 우리 아버지는 나코 부자야. 나는 나코 부자의 독자이고, 우리 아버지가 내게 준 것으로도 충분하다. 나는 가지지 않겠어.”

보르오초는 완강하게 테무진의 뜻을 거절했다.

어느새 둘은 나코 부자의 집에 이르렀다. 나코 부자는 아들 보르오초가 연락도 없이 없어져서 크게 걱정하고 있었다. 소식도 없이 갑자기 사라졌던 아들을 보자 울먹이면서 꾸짖었다.

아들 보르오초가 아버지에게 그동안의 일들을 설명했다.

“여기 이 동무가 고통 속에 있었습니다. 제가 동무하여 멀리 갔다가 이제야 돌아왔습니다.”

아버지에게 자초지종을 말씀드리고 다시 말을 달려 초원에 감춰 둔 가죽 부대와 젖을 담는 통을 가지고 왔다. 보르오초 가족은 새끼 양을 잡아 음식을 만들어 가죽 부대에 담아 테무진의 길 양식으로 챙겨주며 두 사람에게 당부했다.

“너희들은 젊은이들이다. 서로를 기억하고 이후에라도 서로의 의리를 저버리지 마라.”

나코 부자의 묵직한 말이 가슴에 박혔다.

보르오초는 테무진의 첫 번째 안다였다. 테무진의 인생길에서 마지막까지 안다 관계를 유지하며 거친 세상을 헤쳐나간 인물이었다. 안다는 몽골에서 의형제 또는 동지를 뜻한다.

몽골 사람들이 평생 중요하게 여기는 것 중 하나가 말이다. 말

을 찾게 해 준 동무의 고마움에 말을 나누자고 제안했지만, "안다
로서 고통을 함께한 것만으로 충분하다"라고 말한 보르오초의 의
리는 훗날 세계 정복의 기폭제가 되었다.

아버지가 정혼시켜준 아내 부르테

테무진은 결단해야 할 때가 왔다고 생각했다. 그는 중요한 결
정을 내려야 할 때면 늘 산으로 들어가 마음을 가다듬고 기도했
다. 며칠 뒤 산을 내려온 그는 죽음을 각오하고 아내를 찾아야겠
다고 마음먹었다. 먼저 해야 할 일은 예비 장인을 찾아뵙고 인사
를 드리는 것이었다. 예비 장인은 아버지 예수게이의 안다였다.

테무진은 불과 얼마 전 아버지를 따라 부르테를 찾아가던 일을
떠올리며 길을 나섰다. 배다른 형제 벨구테이와 함께 케룰렌 강
변을 걸었다. 마음은 이미 설렘으로 가득했다. 부르테는 아버지
가 정해준 여자였지만, 어린 시절 그녀의 집에서 잠깐 생활한 인
연이 있었다.

철없던 아홉 살에 그녀를 만났으나 이내 헤어졌고, 지금까지
다시 보지 못했다. 과거 우리나라의 데릴사위 제도처럼 이곳에도
신랑이 신부 집에서 일정 기간 지내는 풍습이 있어 테무진도 부
르테의 집에서 한동안 지냈다. 신부 부르테는 연상이었지만 아름
답고 좋은 친구였다. 비록 사랑이 무르익기 전에 헤어졌지만, 그

시절 자신을 보고 수줍어하던 그녀의 모습이 떠올랐다. 지금은 어떤 모습일까.

이제 청년이 된 테무진은 혼자서 살아갈 수 있는 나이가 되었다. 몽골족에게 열여덟 살은 결혼 적령기를 넘긴 나이였다. 혹시 그동안 편지 한 통 없는 자신을 기다리지 못하고 부르테가 결혼했다면 어쩌나. 테무진은 별별 상상을 하며 부르테의 아버지 데이 세첸을 찾아가고 있었다.

아버지 예수게이가 살아있을 때는 족장의 아들로서 약혼한 사이였지만, 이제는 도와줄 사람 하나 없이 살아가야 하는 외롭고 힘없는 처지였다. 그럼에도 부르테가 결혼하지 않았다면 자신을 사위로 받아 주리라 믿으며 길을 재촉했다.

한편 부르테의 아버지 데이 세첸은 테무진의 소식을 이미 전해 듣고 있었다. 테무진이 타이치오드 족과 갈등을 겪으며 쫓기는 신세가 되었고, 길 잃은 늑대처럼 떠돌고 있다는 사실을 알고 있었다. 오랜만에 아무 연락도 없이 찾아온 사위를 본 그는 크게 기뻐했다.

"자네를 타이치오드 형제들이 시기한다는 것을 알고 몹시 걱정하고 절망하고 있었네."

데이 세첸은 잠시 말을 멈췄다가 다시 이었다.

"이제 자네를 보았으니 되었네."

마음이 놓인 듯한 표정으로 테무진을 바라보았다. 소년이었던 사위는 어느새 늠름한 청년으로 성장해 있었다. 그는 처음 테무진을 만났을 때 꾼 상서로운 꿈을 떠올렸다. 테무진이 오던 날, 해와 달을 바라보고 있던 꿈속에서 송골매가 해와 달을 움켜쥐고 자신의 손에 앉았던 것이다. 무슨 길조일까 궁금했었는데, 그 꿈의 주인공이자 사위 테무진을 다시 만난 것이었다.

데이 세첸은 부르테와 테무진을 만나게 했다. 오래 마음속에 간직했던 두 사람이 재회했다. 어린 시절 마음을 나눈 이들은 헤어진 뒤에도 다른 사람을 이성으로 생각해 본 적이 없었다. 그저 테무진이 시련에 시달려 아내를 찾을 여건이 되지 않았을 뿐이었다. 부족에서 버려져 간신히 살아가면서도 그는 미래를 꿈꾸며 늑대 새끼처럼 날카롭고, 여우 새끼처럼 영리하게 성장했다.

테무진의 이름은 빠르게 초원 곳곳으로 퍼졌다. 그는 당당하고 힘찬 기세로 성장하며 야망을 품은 존재로 떠올랐다. 아버지와 맺었던 연대를 깬 타이치오드 부족은 그를 제거해야 할 첫 번째 대상으로 지목하고 있었다. 장인 데이 세첸은 사위가 고난에 처해 있다는 사실을 소문으로 알고 있었다.

데이 세첸은 따뜻하게 사위를 맞으며 부르테에게 함께 떠나라고 했다. 이제 다 성장한 테무진이 자신의 딸을 데리고 둘이 함께 살 것을 인정했다. 데이 세첸은 멀리까지 따라와 배웅하고 돌아갔다. 딸을 보내는 아버지의 간절한 마음이었다. 부르테의 어머니 초탄의 마음은 더 깊고 아팠다. 초탄은 테무진 가족이 머무는 게르까지 따라와 안사돈인 두 어머니가 마주했다. 두 사람은 머리를 숙여 깊이 인사하며 서로에게 감사했다. 이별의 인사와 대화는 오래 이어졌다.

이렇게 테무진은 부르테를 아내로 맞아, 자신이 품어 온 큰 야망을 본격적으로 실현하기 시작했다.

미래 전략을 위한 인생의 동반자들

테무진은 성장해 있었다. 자신의 자리를 만들기 위한 작업에 들어갔다. 막냇동생 벨구테이를 시켜 안다를 맺었던 보르오초를 모셔오게 했다.

벨구테이를 만난 보르오초는 아버지에게 말도 하지 않고 말을 타고 달려왔다. 말안장에 잿빛 담요를 얹고 거칠게 말을 몰아 단숨에 자신의 영원한 안다에게 온 것이다.

테무진은 아버지와 안다를 맺었던 옹칸을 떠올렸다. 아버지 예수게이와 케레이드 부족의 옹칸은 안다였다. 옹칸은 아버지에게 신세를 진 인물이기도 했다. 옹칸이 토올라의 검은 숲이라는 이름의 카라 툰에 있다는 것을 테무진은 알고 있었다.

테무진은 결혼을 핑계 삼아 옹칸을 찾아갔다.
"일찍이 저희 아버지와 의형제를 맺으신 걸로 알고 있습니다. 저희 아버지와 같다고 생각하여 아내를 얻은 기념으로 찾아뵈었습니다."

정중하게 인사를 드리고 준비해 온 예복을 옹칸에게 드렸다. 담비 외투였다. 옹칸은 매우 기뻐하며 말했다.
"고맙다. 내가 흩어진 너의 부족을 모아 주겠다."

담비 외투는 마음을 담은 선물이었다. 처갓집에서 보내 온 장모님의 예물인 검은 담비 외투를 아버지가 없어 옹칸에게 주기로 한 것이다.

보르오초와 안다를 맺고, 아버지의 안다 옹칸을 찾아가 든든한 후원자로 만들었다. 테무진은 건장한 청년으로 성장하며 초원을 이끌 정도의 재목으로 자리를 잡아가고 있었다.

테무진이 보르칸 성산에 머무르고 있을 때였다. 어느 날 오리이 사람 자르치오다이 노인이 젤메라는 청년을 데리고 왔다.

그 청년은 성격이 우직하고 충성스러워 평생 테무진을 가장 가까운 곳에서 극진히 보필하며 테무진에게 손발이 되어 준 인물이었다. 지금도 몽골인들에게 젤메는 충성, 의리, 희생의 상징으로 기억되고 있다.

보르오초가 친구이면서 믿음의 상징이었다면, 젤메는 테무진을 상전으로 모시는 충복의 대명사였다. 만남 자체부터 확연히 달랐다. 보르오초는 두 사람이 대등한 관계에서 출발했지만 젤메는 달랐다.

젤메의 아버지는 테무진이 태어났을 때 예수게이를 찾아가 막 태어난 테무진의 종으로 자신의 아들 젤메를 써 달라고 당부한 인물이었다. 청년이 되어 다시 만난 젤메는 앞으로 테무진 인생에 큰 도움을 주게 된다.

테무진을 찾아온 자르치오다이가 테무진에게 말했다.
"자네가 태어날 때 나는 담비 가죽 배내옷을 선물하면서 내 아들 젤메도 함께 넘겨주었네. 그러나 자네 부모님이 젤메가 아직 어리다고 말하며 사양하기에 그냥 데리고 나왔었지. 이제 젤메가 그대의 말안장을 놓을 수 있고, 그대의 문을 열 수 있을 만큼 성장했으니 거두어 주게."

테무진의 충복忠僕으로 쓰라는 말이었다. 젤메는 테무진을 모시고 사는 삶을 선택받아 테무진의 충복 역할을 끝까지 했다. 젤메를 하인으로 써 달라는 자르치오다이 노인은 젤메의 아버지이자 미래를 내다보는 샤먼이었다.

젤메는 보르오초와는 비교가 되지 않을 만큼 비천한 계층의 인물이었지만 충직한 부하로서 테무진을 위하여 살았다. 테무진의 명령이 떨어지면 어디든 말을 몰아 임무를 수행하고 목숨 바쳐 충성했다.

테무진도 그런 젤메에게 신분을 따지지 않고 보상을 해 주었다.

몽골을 만든 네 명의 선봉장, 사구四狗

야망을 실현하기 위한 준비에서 가장 중요한 일은 모든 조직원에게 꿈을 심어주는 것이었다. 칭기즈칸은 노예나 하층계급 출신이라도 능력을 발휘하면 인정받을 수 있는 길을 열어 조직에 활력을 불어넣었다. 또 꿈을 믿는 사람을 곁에 두고, 꿈이 없는 사람은 혈족이라도 배제했다.

초원의 부족들은 전통적으로 칸을 중심으로 가까운 친족이 권력을 나누어 가지는 씨족 공동체였다. 아무리 능력이 뛰어나도 친족이 아니면 상위 자리에 오르기 어려웠다. 그러나 테무진은 칸에 오른 뒤 오랜 친족 중심 체계를 개편해 개인의 능력과 충성도에 따라 등급을 나누고 지위를 부여했다. 이는 칭기즈칸이 더 넓은 세계로 나아가는 데 중요한 계기가 되었고, 누구에게나 꿈을 펼칠 수 있는 기회를 열어 조직의 사기를 끌어올렸다.

테무진은 혈족 중심의 권력 집중을 없애고 능력이 검증된 부하를 요직에 앉혔다. 그의 목표와 지도 이념을 가장 잘 이해할 수 있는 개인 보좌관으로 보르오초와 젤메를 선택했다. 아버지 예수게이가 독살당한 경험이 있었기에, 그는 특히 음식을 책임질 사람을 신중히 고르고 신임했다. 전쟁이 일상이나 다름없는 초원에서 음식 관리와 경계는 생명과 직결되는 중대한 임무였다.

1201년 해질 무렵 타이치오드 족과 치열한 전투가 벌어지고 있을 때 테무진의 목에 화살 한 발이 날아와 박혔다. 급히 응급처치를 했지만 해가 지고 어둠이 깔릴 무렵 테무진의 호흡은 거칠어지고 의식을 잃었다. 상처는 감염될 위험이 있었고 독이 묻었을 가능성도 컸다. 만약 독이 퍼진다면 곧바로 목숨을 잃을 수도 있는 상황이었다.

이때 충성스러운 젤메는 주저하지 않았다. 그는 주인을 살리기 위해 독이 있을지도 모르는 상처에 직접 입을 대고 피를 빨아냈다. 한참 뒤 테무진은 가까스로 의식을 되찾았다. 그는 목이 마른 듯 말젖으로 만든 발효주 아이라크가 마시고 싶다고 말했다. 하지만 전장 한가운데라 아이라크를 준비해 둘 수는 없었다.

젤메는 적의 진지로 들어가 아이라크를 구해 오기로 결심했다. 타이치오드 족의 보급품이 실린 수레를 목표로 어둠을 틈타 침투했다. 목숨을 건 일이었다. 그는 자신이 어느 쪽 병사인지 알아채지 못하게 하려고 상의를 벗고 적 병사들 사이를 돌아다니며 아이라크를 찾았다. 어둠 속에서 옷을 벗은 사람을 적으로 보기 어렵다는 계산이 적중했다.

비록 원하던 아이라크는 아니었지만 발효 중인 응유凝乳 한 통을 훔쳐 돌아왔다. 젤메는 응유를 물에 타서 테무진에게 먹였다. 잠시 후 테무진은 정신을 차렸다. 그는 젤메의 벗은 몸과 땅바닥에 흩뿌려진 피를 보고 무슨 일이 있었는지 물었고, 젤메는 그간의 상황을 자세히 설명했다.

이날의 충성은 젤메만의 것이 아니었다. 전투에 참여한 모든 부하가 한마음으로 테무진을 지켜냈다.

테무진은 함께 초원을 달리고 전투를 치른 부하들을 특별한 사유가 없는 한 내친 적이 없었다. 한 번 믿은 동지는 끝까지 믿고 함께했다. 그러나 초원의 다른 부족들은 조금의 실수나 문제만드러나도 부하를 버리거나 죽이는 일이 흔했다.

칭기즈칸이 광활한 영토를 지배할 수 있었던 이유 가운데 하나는 이러한 차이였다. 배신하지 않는 의리와 굳은 충성심으로 전군을 하나로 묶어낸 힘, 그 결속을 이끌어내는 힘을 그는 지니고 있었다.

보르오초와 젤메는 칭기즈칸을 만든 인물 가운데 가장 빼어난 두 사람이었다. 보르오초는 몽골 제국이 세워질 때 만호장으로 임명되었고, 젤메는 신분과는 거리가 먼 다르칸 칭호와 함께 천호장의 지위에 올랐다. '다르칸'은 자유자재를 뜻하며 최고의 영예였다.

젤메는 수부타이의 형으로 사구 가운데 한 사람이었다. 전장에서 부상당한 테무진을 위해 철야로 간병하며 적진을 누비며 응유를 구해왔다. 독화살이 스쳤을 가능성이 있는 상처에 입을 대고 피를 빨아냈으며, 야영지에서 밤을 새워 그를 호위하기도 했다. 테무진은 그 은혜를 평생 잊지 않았다.

젤메는 1206년 몽골 제국이 세워진 직후 칭기즈칸에게 반항하는 몽골 부족의 잔당을 토벌하기 위해 출정했다가 전사한 충신으로, 사준사구四駿四狗 중 가장 일찍 세상을 떠났다.

사준사구는 몽골 제국을 건국한 8인의 핵심 공신을 가리키는 말로 '4마리의 준마와 4마리의 충견'이라는 뜻이다. 사준은 내정과 전략에서 활약한 인물들이고, 사구는 전투에서 큰 공을 세운 인물들을 말한다.

젤메에게는 수부타이라는 동생이 있었는데, 그는 사구 중 한 사람으로 위대한 장수였다. 동쪽의 금나라에서 서쪽의 폴란드와 헝가리에 이르는 지역을 정복하고 광대한 유럽을 쑥대밭으로 만든 인물로, 세계 32개국을 정벌한 칭기즈칸 군대의 뛰어난 장군이었다. 그는 테무진을 초원의 영웅으로 만들고 몽골 제국을 탄생시킨 충신으로 몽골 제국의 개국 공신이자 전략, 전술의 천재였다.

수부타이는 형 젤메가 테무진의 최측근으로 들어가면서 자연스럽게 칭기즈칸의 수하가 되었다. 그는 32개의 나라를 정복할 정도로 놀라운 전투력을 지녔으며, 총 65번의 큰 전투에서 65번 모두 승리했다.

전쟁으로 시작해 전쟁으로 해를 마감한 가난한 몽골의 전사로서 세계 전쟁사에서 독보적인 인물이 되었다. 유목민으로서 야수野獸처럼 가축을 사냥하듯 정착민을 유린했고, '야만족'이라 비아냥거리던 선진 문명 족들을 거칠게 무너뜨렸다.

수부타이가 정복한 나라를 열거하면 호라즘 제국, 키예프 루스, 불가리아, 폴란드, 헝가리, 조지아, 아르메니아, 금나라, 송나라, 서하 및 각종 유목 부족과 중앙아시아의 여러 국가들이 있다. 초원의 부족들과 중앙아시아에 자리 잡은 여러 나라를 집어

삼킨 수부타이를 서양에서는 칭기즈칸에 버금가는 전설적인 장
군으로 기억한다.

또한 사구에는 쿠빌라이와 제베가 있었다. 여기서 말하는 쿠빌
라이는 훗날 원나라를 세운 쿠빌라이 칸과는 다른 인물로, 테무
진이 어린 시절 친구이자 안다였던 자무카와 결별하자 테무진에
게 귀순했다.

이후 쿠빌라이는 타타르족, 나이만족, 서하 성벌 등에서 큰 공을 세워 젤메, 제베, 수부타이와 함께 사구가 되었다.

1201년 타이치오드 족과의 전투 때 테무진의 목에 화살이 박혀 목숨을 잃을 뻔한 적이 있었다. 이 절체절명의 위기를 만든 사람이 바로 제베였다. 그는 다른 전투에서 포로가 되어 테무진 앞에 끌려왔을 때 곧 목이 잘릴 것 같은 형장에서 제베는 테무진에게 소리로 외쳤다.

"지금 나를 죽이신다면 제 몸에서 흘러나온 피로 한 줌 흙을 적시는 데 그칠 것입니다. 그러나 저를 당신의 용사로 삼아주신다면 제 몸에 흐르는 피로 전 세계의 대지를 젖게 할 것입니다."

목숨을 걸고 충성을 맹세한 제베의 호소였다. 테무진은 뜻밖이라 생각하며 자신을 죽이려 했던 인물을 부하로 받아들였고, 제베는 이후 죽을 때까지 충성으로 보답했다. 그가 이끄는 군대는 최전선에서 죽음을 무릅쓰고 싸우는 결사대였고, 적들에게는 '저승사자 군단'이라 불릴 만큼 공포의 대상이었다.

테무진의 아내를 약탈당하다

테무진의 가족이 케룰렌 강의 발원 지역에 있는 부르기 기슭에서 살고 있을 때이다. 날이 훤하게 밝아오는 이른 아침, 호엘룬 어머니의 집안에서 일하는 코아그친 노파는 멀리서 들려오는 말발굽 소리에 신경을 곤두세우고 있었다.

오래 살아온 노파의 직감에 예사로운 말발굽 소리가 아니었다. 빠르고 긴박한 말발굽 소리는 무엇인가를 공격할 때가 아니면 낼 수 없는 소리였다. 노파는 아주 멀리서 들릴 듯 말 듯 하던 말발굽 소리가 점점 빠른 속도로 가까워져오는 것을 알아채는 순간, 직감으로 소리를 질러 다른 사람들을 깨웠다.

"어머니, 어머니, 빨리 일어나세요. 땅이 흔들려요. 말발굽 소리가 크게 들리는 것으로 봐서는 메르키트 부족이 쳐들어오고 있는 것 같아요."

메르키트 부족은 과거 테무진의 아버지 예수게이가 그들 부족 출신 호엘룬을 약탈해 아내로 삼은 것에 대한 복수심을 가지고 있는 부족이었다.

코아그친 노파는 호엘룬을 어머니라 부르며 더욱 다급하게 소리쳤다.

"어머니, 빨리 일어나세요."

다급한 목소리에 잠을 깬 어머니는 노파에게 말했다.

"먼저 아이들을 빨리 깨워주게."

테무진과 형제들은 정신없이 옷과 신발을 챙겨 밖으로 뛰쳐나가 말에 올라탔다. 테무진이 먼저 말을 골라 말 위에 오르자 어머니를 비롯해 막내까지가 서둘러 말을 탔다. 그리고 보르오초, 젤메도 함께 말 위에 올랐다. 그러나 테무진의 아내 부르테와 여자들에게는 말이 순비되어 있지 않았다.

모두가 피신할 시간은 없었다. 적들이 코앞에 닥치자 테무진 형제들은 말발굽 소리가 들려오는 반대편으로 황급히 달아났다. 긴급한 상황에서의 탈출이었다. 강한 자가 살아남아야 약한 자를 구할 수 있다는 초원의 법칙을 이들은 알고 있었다. 형제들 모두가 적에게 붙잡혀 그대로 처형되면 모든 것이 끝나는 것이다.

남자들이 자리를 떠나자 남은 가족들은 폭풍우 아래 놓인 마른 나뭇가지 같았다. 함께 도망갈 수 없었던 칭기즈칸의 아내와 계모 소치겔, 그리고 그들을 구해준 노파는 남겨졌다. 아버지 예수게이의 먼저 부인 소치겔은 옹기라트부 출신으로 둘 사이에는 아들 벡테르, 벨구테이가 있었다. 친정 집안이 한미했던 소치겔은 예수게이의 본부인임에도 불구하고 호엘룬에게 정실부인 자리를 내주었다.

남겨진 일행은 함께 움직이지 않고 나누어서 이동하기로 했다. 노파가 먼저 해야 할 일은 테무진의 아내 부르테를 숨기는 것이었다. 아내를 검은 천으로 가린 후 우마차에 쌓아 둔 양털더미에 숨겨 피신 중이었다. 텡게리 개울을 따라 한참을 정신없이 달리자 어느덧 새벽하늘이 훤해지며 날이 밝아오고 있었다.

맞은편에서 험상궂게 생긴 전사들 몇 명이 급하게 말을 몰고 와 우마차를 에워쌌다.

“당신들은 누구요?”

묻고 있지만 사실은 누구인지를 알고 있는 듯했다.

“테무진 가의 사람이며, 큰집에 양털을 깎으러 왔다가 이제 집으로 돌아가는 길이요.”

코아그친 노파가 차분하게 이야기했다.

“테무진은 집에 있소?”

“제가 집을 나온 지 한참 되어 지금은 모르겠소.”

대답이 끝나자마자 메르키트 부족 전사들이 저만큼 달려갔다.

코아그친 노파가 소를 채찍질하며 급하게 서둘러 출발하려 하자 오래된 수레의 굴대가 부러지며 마차가 움직이지 않았다. 하는 수 없이 걸어서라도 숲으로 도망가야겠다고 마음을 먹는 순간 이미 메르키트 부족 전사들은 테무진의 계모인 소치겔을 붙잡아 말에 태우고 쫓아왔다.

"이 마차 안에 무엇을 실었는가?"

"양털을 실었소."

메르키트 부족 전사의 우두머리가 마차 안을 의심했다. 전사의 우두머리가 지시했다.

"마차 안을 뒤져봐라."

젊은 전사들이 말에서 내려 마차의 문을 열고 양털더미에 숨어 있던 부르테를 끌고 내려왔다. 그들은 부르테를 마차에서 끌어내린 후 코아그친과 함께 자신들의 말에 태워 테무진을 뒤쫓기 시작했다.

몽골인들의 성산 보르칸 칼둔

테무진이 보르칸 성산으로 들어간 것을 확인했다. 메르키트 부족 전사들은 보르칸 성산을 삼중으로 에워싸고 숲을 뒤지기 시작했다. 테무진을 잡아 후환을 없애려는 의도였다. 테무진의 성장이 메르키트 부족들에게는 큰 부담이 되어 죽여 없애야 할 존재로 인식되었다.

산을 뒤지는 자와 산에서 숨는 자의 싸움이 계속되었다. 말을 끌고 다니며 숨어야 한다는 것은 쉽지 않은 일이다. 그들은 진흙탕을 지나 골짜기와 울창한 숲을 샅샅이 뒤졌지만 테무진을 잡지 못했다. 메르키트 부족 전사들은 테무진과 그의 형제 그리고 소수의 전사들을 끝내 잡을 수가 없었다.

〈몽골비사〉에 적혀 있는 내용이다.

"…나는 코아그친 노파가 흰 족제비로 변신하여 적을 유인한 덕에 간신히 몸을 피해 한 마리 말을 타고 사슴이 다니는 길을 따라, 버드나뭇가지를 집 삼아 성산聖山에 올랐다. 그곳에서 귀뚜라미 같은 내 목숨을 보호받았다. 해를 향해 허리띠를 풀어 목에 걸고, 모자를 팔에 끼고 손으로 가슴을 치며, 해가 있는 방향으로 아홉 번 무릎 꿇고, 젖을 뿌려 바치며 맹세했다."

"아침마다 제사 지내리라. 날마다 기도하리라. 내 자손의 자손까지 깨닫게 하리라."

테무진을 숨겨주고 살려 준 부르칸 칼둔은 몽골 헨티 산맥에 위치한 산으로 몽골 민족의 성산이다. 이곳은 테무진의 탄생지이자 성장지로 그의 생명을 여러 차례 구해준 장소이기도 하다.

테무진은 메르키트 부족에게 잡히지 않도록 도와준 태양에게 정성을 다해 감사의 기도를 했다. 몽골의 오랜 습속대로 하늘과 땅에 젖을 뿌리고, 몽골족에게 남자의 상징물인 허리띠를 풀어 목에 걸고 대지에 엎드려 아홉 번 머리를 조아리며 성스러운 신 앞에 사흘 동안이나 감사 기도를 했다.

약탈혼이 성행하던 초원에서 여자는 강자의 몫이었다. 메르키트 부족 전사들은 테무진의 어머니인 호엘룬을 빼앗겼지만 세월이 흐른 지금 예수게이와 호엘룬의 며느리인 부르테를 대신 약탈해 갔다. 빼앗기면 다시 찾아온다는 것 또한 초원의 법칙이다.

죽고 죽이는 초원에서 목숨을 건진 것만도 다행이었다. 강자는 약자를 죽이고 약자가 가졌던 모든 것은 강자의 전리품이 되었다. 자신의 형제들을 죽이려 달려드는 적들에게 아내 부르테와 두 명의 여자를 전리품으로 남겨놓은 것은 자신과 형제들이 도망가는데 시간을 벌어주는 효과도 있었다. 모두가 몰살될 것 같은 위급한 상황에서 누구라도 살아남아야 미래를 기약할 수 있다면 부득이 젊고 영리하고 강한 자를 살려놓아야 하는 것은 당연한 일이다.

집안의 가장으로서 사랑하는 아내를 남겨두고 도망가는 사내의 심정은 겪어보지 않은 사람은 모를 것이다. 사방에서 비겁하고 겁쟁이라 수군거리는 소리가 들리는 듯했다. 테무진은 자신의 못남을 자책하며 숨을 곳이 없는 초원을 거칠게 달렸다. 한참을 달린 테무진은 적들이 쉽게 찾아낼 수 없는 큰 산 쪽으로 말머리를 돌렸다.

메르키트 족들은 테무진을 계속 쫓았다. 주변을 뒤지고 살피면서 따라가고 있었다. 추적을 당하는 테무진은 부르칸 칼둔의 비탈진 계곡 옆 숲속에 몸을 숨기고 적들이 지나가길 기다렸다. 얼마 후 적들의 요란한 수색작업이 끝이 나고 자기 진영으로 돌아가자 테무진은 은신처에서 나와 자신을 살려준 신에게 감사 기도를 했다.

인내의 기간을 갖고 결정한 옹칸과
자모카에게 도움을 요청하다

정당한 일을 하는 자의 길은 신이 열어준다. 초원에서의 정당한 일은 복수였다. 몽골 초원에는 당하면 반드시 갚아준다는 전통이 있었다. 그리고 목적을 두고 시작한 일은 반드시 달성해야 한다. 사냥에 나가면 짐승을 많이 잡아야 하고, 전쟁에 나가면 반드시 이겨야 한다. 목표 달성과 승리 없이는 어떠한 축제도 없다. 오로지 승리만이 살길이었다.

아내를 잃어버린 테무진은 강자가 아니었다. 자신이 살기 위해 아내를 버리고 도망 나온 테무진은 너무나 치욕스러워 머리를 들고 세상에 나올 수가 없었다. 강하지 못하면 나의 가족뿐만 아니라 자신마저도 살아남을 수 없는 세상이었다. 이제 그는 메르키트 집단을 공격할 어떤 능력도 남아 있지 않았다.

밤낮으로 자신을 비관하던 테무진은 모든 것을 새로이 준비하기로 했다. 먼저 살아갈 길을 찾아야 했다. 인생이 낭만이나 의협심으로 해결될 수 있는 것이 아니었기에 비통하지만 사람을 만나 보기로 했다.

테무진은 얼마 전 옹칸 휘하의 하급 지도자로 들어올 것을 요청받은 적이 있었다. 하지만 그는 옹칸의 제안을 거절했었다. 특별하게 조건이 맞지 않아 거절했던 것이 아니라 누구에게 얽매여 머리 숙이며 살고 싶지 않았기 때문이다. 가진 것이 없고 기댈 곳이 없는 지금의 테무진은 과거 자신의 생각이 무모한 것이었음을 깨달았다. 생각의 전환을 해야 했다.

운명이 테무진을 안내하고 있었다. 테무진은 쫓기고 있으며 아내를 찾아야 하는 절박한 현실에 놓여 있었다. 아버지의 유산을 물려받지 못한 것도 억울한데 아버지가 거느리던 부족들에게 쫓기고 아버지의 업보로 메르키트 족에게도 목숨을 잃을 신세가 되어 있었다.

테무진은 자신의 아내 부르테를 떠올렸다. 생각만으로도 행복했다. 지금은 공격을 받아 날개를 잃은 새가 되었지만 한동안 행복했었다. 향기 가득한 아내의 사랑을 받으며 평범하게 산다는 것이 최고의 행복이란 걸 깨달았다.

아내를 빼앗긴 자신이 한심하게 느껴졌다. 몽골에서 남자가 여자를 빼앗기는 것은 치욕이었다. 어디에서도 인정받지 못하는 치욕이었다.

그에게는 선택의 여지가 없었다. 자신을 노리는 눈이 아무리 많고 살벌하다 해도 자신과 가족, 아내를 위해서는 악마의 집단 속으로 들어가야 했다. 그것은 거친 폭풍 속으로 들어가는 것이고, 몽골 초원에서 살육과 강탈을 하며 살아가야 한다는 것을 의미했다.

테부진은 아주 묘한 기분이었다. 어머니 호엘룬은 메르키트 족 칠레두와 결혼할 신부였지만 아버지 예수게이에게 납치되어 아버지의 아내로 살면서 자신을 낳은 것이다. 그러나 세월이 흐른 지금 자신의 아내 부르테가 메르키트 족에게 납치되어 끌려간 것이다.

인간은 삶의 목표가 무엇이든 사랑하는 사람이 옆에서 나를 응원해 주고 따뜻한 눈빛으로 바라봐 준다면 세상을 다 가진 듯 행복할 것이다.

세상을 잘 모르던 9살 때 테무진은 아버지에 의해 부르테와 배필이 되어 잠깐 그녀의 집에 머물렀다. 그러나 아버지의 죽음으로 그녀와 이별해야 했지만 청년이 되어 다시 부르테를 만났다. 소속도 없고 쫓기는 신세에 가진 것도 없는 테무진을 아내 부르테는 사랑하고 따랐다. 매일매일이 힘들었지만 따뜻한 사랑이 있어 행복하다는 말을 전달하기도 전에 그들이 나의 사랑을 빼앗아 간 것이다. 아버지가 저질러 놓은 원한으로 생긴 일이지만 아버지를 원망할 수는 없었다.

테무진은 옹칸에게 도움을 요청했다. 그리고 영원한 친구 안다 자모카에게도 도와 달라고 부탁을 했다. 당장 아내를 찾아야 했다.

되찾은 테무진의 아내 부르테

전투를 위해 자신의 형제들과 몇 명의 전사들이 모였다. 이번 전투는 약탈당한 자신의 아내를 찾는 전쟁이지만 테무진의 인생을 좌지우지할 수 있는 일대 전환의 기회이자 최초로 경험해 보는 전쟁이기도 했다.

지금 테무진은 아버지의 옛 동지였던 옹칸과 자신의 안다인 자모카의 도움을 받아 아내가 있는 곳을 향해 함께 출발했다. 이미 다른 사람에게 전리품으로 빼앗긴 아내는 온전히 잘 있는지, 혹시 죽지는 않았는지, 테무진은 가슴이 뛰고 불길한 예감에 말을 달리며 혼자 중얼거렸다.

"제발 살아있어야 한다."

셀렝게 강변의 메르키트 족 영토를 향해 진격을 시작하였다. 두려움보다 강한 그리움이 치밀어 오르며 말고삐를 쥔 손에 힘이 들어갔다. 산속에서 밤사냥을 하던 메르키트 족 몇 명이 테무진 일행을 발견했다. 긴급 상황이라 생각한 그들은 자기네 진영으로 쏜살같이 달려가 적이 침입한 것 같다고 전했다. 그러나 보고를 받고 진열을 갖추기도 전에 테무진 일행은 메르키트 부족의 진영을 빠른 속도로 밀고 들어가 그들을 혼란에 빠지게 하였다.

우왕좌왕하는 사람들 속을 헤치며 테무진은 부르테를 찾았다. 곳곳을 뛰어다니며 찾아도 부르테는 보이지 않았다. 사실 부르테는 외부의 침입자들이 자신을 구하러 온 남편 테무진일 것이라는 생각은 전혀 하지 않고, 침입자들을 피해 수레를 타고 전장을 벗어나 달아나고 있었다. 초원에서 전투가 벌어지면 전사들은 싸우기 위해 출동하고 여자와 노약자들은 그 자리에 남겨지는 것이 보통이다. 전쟁이 끝나면 승자들은 남겨진 사람들을 전리품으로 챙겨 가는데, 이것이 초원의 법칙이었다. 전투에서 패한 부족은 소멸되거나 뼈를 깎는 노력으로 힘을 길러 잃어버린 것을 찾기 위해 다시 전투를 해야 했다.

부르테 또한 테무진이 버리고 간 전리품으로 이미 메르키트 족의 나이든 어느 전사의 아내가 된 상태였다. 오늘 다시 알 수 없는 침입자로부터 기습을 당해 부족들이 우왕좌왕하며 혼란해지자 부르테는 급하게 수레에 몸을 싣고 어디론가 이동하고 있었다. 테무진은 말을 타고 달리며 목청이 터지도록 부르테를 불렀다. 그 소리가 우마차로 도망 중인 부르테의 귀에 들렸다. 분명 자신을 찾는 테무진의 목소리였다.

부르테는 마차에서 뛰어내려 소리가 나는 곳으로 달려갔다. 어둠 속이지만 내 남편 테무진을 알아볼 수 있었다. 그러나 테무진은 아직 그녀를 찾지 못하고 말 위에서 미친 사람처럼 부르테를 부르며 종횡무진하고 있을 때, 그녀는 테무진의 말 옆으로 다가가 말고삐를 잡았다. 극적인 상봉이었다.

테무진은 자신의 말 안장 위로 부르테를 안아 올렸다. 한 사람은 사랑을 찾아 목숨을 걸었고, 고립된 한 사람은 꿈에도 잊지 못할 사랑하는 사람의 목소리를 단번에 알아듣고 주저 없이 달려가 재회한 것이다. 말로 표현할 수 없는 벅찬 순간에 할 수 있는 것은 서로를 힘껏 끌어안는 것뿐이었다. 밤하늘의 달빛도 희미하게 그들을 비추고 있었다.

테무진은 승리자가 되어 아내 부르테를 데리고 돌아왔다. 노파와 계모 소치겔은 찾을 수 없었지만 아내 부르테를 다시 찾은 것은 큰 영광이었다.

테무진의 인생에서 처음으로 큰 전투에 참가하여 성공한 것이다. 진정한 전사로 인정을 받은 셈이었다. 아직 스무 살이 되지 않은 패기 왕성한 나이에 전사가 되어 싸운 첫 전투에서 승리하며 '테무진'이라는 이름을 알리게 되었다. 그러나 테무진 자신은 꿈에 그리던 아내를 찾은 것에 더 큰 의미를 두고 있었다.

이번 전투에서 테무진의 역할은 크지 않았다. 옹칸의 군대와 자모카의 군대가 합세하여 '테무진의 가족 찾아오기'를 한 것에 불과했다. 지휘관이 아닌 그에게는 어떤 일을 하기 위한 결정권이 없었다. 하지만 승리의 축하를 받은 사람은 테무진이었다.

세상의 민심은 사랑하는 사람을 다시 찾기 위해 위험을 무릅쓰고 전쟁을 한 테무진의 용기에 찬사를 보낸 것이다.

이 전투는 테무진에게 여러 가지 의미 있는 변화를 가져다주었다. 전투에 참여하여 승리한 전사들은 전리품을 나누어 받을 때마다 테무진이란 이름을 자연스럽게 떠올리곤 하였다. 테무진을 향한 여론은 민심을 움직였고, 마침내 그를 추종하는 자들이 생겨나기 시작했다.

적장의 아이를 가진 아내 부르테

테무진은 볼수록 더 보고 싶은 내 사랑 부르테를 데리고 집으로 들어왔다. 행복이 영원할 것 같았다. 그러나 세상은 내가 원하는 방향으로만 가도록 내버려두지 않았다. 부르테는 아기를 임신하고 있었다. 그녀가 납치된 지 10개월이 넘었고 메르키트족의 어느 나이든 전사의 아내가 되어 있었기 때문에 뱃속에 있는 아기는 테무진의 아기가 아니었다.

운명은 사람을 꽃길만 걷게 하지 않는다. 테무진은 부르테의 잘못이 아닌 것으로 이해하고 모든 걸 받아들이기로 결정했다.

몽골 초원에서 나약한 여자와 아이들을 보살펴 주어야 하는 것은 전적으로 남자의 몫이었다. 이곳에서는 가족을 지키지 못한 결과를 여자의 잘못으로 보는 것보다 그것을 지키지 못한 남자의 무능함으로 보는 경향이 컸다. 테무진은 힘이 없어 쫓겨 다니는 자신이 한심해 보였다. 초원에서 나 혼자만 살아남으면 되는 것이 아니라 보호해야 할 대상이 있다는 것을 깨우치는 순간이었다. 소집단의 구성원들이 안전하게 살아가기 위해서는 우리를 보호해 줄 보다 큰 집단이 필요했다. 우리끼리 소집단으로 살아가기에는 너무 위험했다.

지금까지 살아오던 방식을 전환해야 했다. 목적의 실현을 위하여 삶의 방법을 바꾸기로 결심하고 옹칸과 영원한 안다 자모카를 설득해 서로 협력하기로 했다. 말이 협력이지 옹칸과 자모카의 수하로 들어가는 형국이었다.

테무진은 의형제를 맺었던 자모카의 집단으로 들어갔다. 힘이 있어야 사랑도 지킬 수 있다는 것을 경험한 테무진은 다소 굴욕적이긴 해도 자모카의 도움이 절실히 필요했다. 지금 사랑하는 아내 부르테를 다시 찾아 데리고 올 수 있었던 것도 옹칸과 자모카의 도움이 아니었으면 불가능했을 일이다.

부르테가 아이를 낳았지만 부부는 말이 없었다. 만인의 축복을 받아 태어나야 할 신생아였지만 주변 사람들은 말이 없었다. 갓 태어난 어린아이에게 사악한 영혼을 내쫓는 의식을 치렀다. 백색 밀가루를 뿌리며 어린 영혼을 정화시키는 의식이 끝나고 테무진은 아이의 이름을 지어주었다. 주치였다.

주치는 몽골말로 나그네 또는 손님이라는 뜻이다. 이 아이는 아내를 납치해 간 부족의 씨앗이지만 테무진에게는 첫 번째 아들이었다. 처음으로 아버지가 되게 해준 장남에게 집안의 기둥이 되라는 이름을 지어주지 않고 손님이라는 뜻의 이름을 지어준 것이다. 아이를 자기 자식으로 받아들이려는 고민의 흔적이라는 설과, 테무진의 안다인 자모카의 집단으로 들어가는 시기에 태어났기 때문에 테무진의 소집단이 자모카에게는 손님이었다는 뜻으로 이름 지었다는 설이 있다.

이제 아들을 얻어 아버지가 된 테무진은 자모카의 전사로서 자신의 역할을 찾아야 하는 시점에 있었다. 개인적인 소집단이 아니라 큰 집단의 일원으로서의 역할을 감당해야 했다.

테무진은 자신의 가족을 이끌고 조상들이 살던 곳으로 갔다. 오난 강과 케룰렌 강 사이에 코르코낙 골짜기로 불리는 이곳은 땅이 넓고 비옥했다. 그곳에 안다 자모카가 살고 있었다. 자모카의 집단으로 들어간다는 것은 자신을 버리고 무리의 규율을 따라 행동해야 하는 것이었다. 독립적으로 사냥에 의존하던 생활에서 집단 유목민이 되어 생계를 유지해야 하는 일상으로 그동안의 생활 방식을 전환해야 했다.

테무진과 자모카는 테무진이 데릴사위로 있을 때 동물의 복숭아뼈를 주고받으며 의형제를 맺었고 그 이듬해에 활과 화살을 교환하며 서로의 관계를 재확인하기도 했다.

의형제인 자모카의 수하로 들어가는 것이 테무진의 마음에 들지 않았지만 돌이켜보면 안정된 생활이기도 했다. 무엇보다 쫓기는 자로서의 불안감을 이곳에서는 내려놓을 수 있다는 것이 좋았다. 그동안 고립된 생활로 인해 부족한 삶을 살아온 것에 비하면 이곳은 형편이 아주 좋은 편이었다. 고기와 유제품을 안정되게 공급받으면서 비교적 편하고 규칙적인 일상을 살 수 있었기 때문이다. 그러나 조직의 일원으로서의 제약은 있었다.

유목민은 계절에 따라 지역을 이동하며 야크, 소, 말, 염소, 양

등을 기르고 자연에 순응하며 살아간다. 먹을 것과 입을 것 그리고 잠자리에 이르기까지 모든 것을 가축에 의지하는 유목민은 가축들의 식량인 풀을 구하기 위해 장소를 이동하는데, 모든 생활 필수품과 가재도구 등도 가축으로 이동하기 편하게 만들어져 있다. 이처럼 가축의 생존은 유목민의 생존과 아주 긴밀하게 묶여 있었다.

자모카는 젊은 용사로서 상당한 세력을 유지하고 있었다. 또한 그는 테무진의 의사를 전적으로 받아들여 주는 인물로서 테무진의 인생에 큰 도움을 주었지만 훗날 몽골 초원의 패권을 두고 경쟁하다 적이 되었다. 우정과 배반이라는 특별한 관계로 테무진에 의해 목숨을 잃게 되지만 테무진이 칭기즈칸으로 등극하는 계기는 자모카였을 수도 있다.

자모카 밑에서 성장하는 테무진

테무진은 몽골 초원을 통일해야 한다는 아버지의 유업을 이어야겠다는 결심을 가슴에 품고 있었다. 그것은 자신을 초원의 늑대로 길러낸 어머니의 영향도 있었다. 그는 자모카와 동거 기간 내내 웅대한 꿈을 숨기고 기회를 엿보고 있었다. 최대한 좋은 인상을 남기는 것이 필요했다.

테무진이 큰 인물로 성장하는 데 중요한 역할을 해 준 사람이 있었다. 바로 테무진의 충직한 동반자 보르오초와 젤메였다. 둘은 테무진의 속마음까지 읽을 줄 아는 최측근이자 동지였다. 테무진의 친위군단을 구축하기 위하여 보르오초와 젤메는 열심히 뛰었다. 한 사람을 지도자로 만드는 데 보르오초와 젤메의 역할은 절대적이었다. 두 사람은 소외되고 약한 자들을 만나 그들의 말을 들어주고, 그들의 꿈을 실현시켜 줄 수 있는 사람이 나타났다고 홍보했다.

테무진은 자신의 꿈을 이행시켜 줄 사람들이 필요했고, 약자들은 자신들의 꿈을 실현해 줄 지도자를 기다리고 있었다. 그 가교 역할을 보르오초와 젤메가 하고 있었다. 공통의 꿈을 가진 사람들이 결속했고, 그 결속력은 강했다.

테무진은 자모카 세력의 한 축을 이루고 있는 키야트계 귀족들의 마음을 얻기 위해 최선을 다했다. 테무진을 지켜본 키야트계 사람들은 서서히 마음을 열고 자신들의 야망을 실현시켜 줄 지도자로 테무진을 생각하기 시작했다. 자모카 진영 안에서 급격히 테무진의 여론이 좋아지자 민심이 갈라지기 시작했다. 테무진과 자모카 두 사람 중에 자신들의 지도자를 선택해야 하는 문제이기 때문에 양보가 있을 수 없었다. 진영 간의 갈등과 대립은 결국 분열뿐이었다.

민심을 읽은 테무진은 대세를 몰아 오래전부터 인연이 있었던 샤먼의 예언자적 능력을 이용하기로 했다. 오난 강 상류에 자리 잡고 있는 코르코나크 조보르는 하늘의 별만큼이나 많은 신을 섬기는 특별한 지역이었다.

테무진은 이 성소에서 보르오초와 젤메 그리고 세 번째 동조자를 만났다. 고려 유민의 후예로 알려진 모칼리였다. 모칼리는 몽골 초원에 큰 별이 나타났음을 가장 먼저 알아본 샤먼으로, 테무진에게 큰 힘을 준 사람이었다. 그는 샤먼 집단에서도 인정받는 예언자로, 조용하고 부드러운 말투였지만 그의 말에는 힘이 있고 파급력은 강했다. 그는 몽골 초원에 미래의 지도자가 출현했다고 공개적으로 알리기 시작했다.

"하늘은 테무진에게 이 대지를 통치케 할 것이다."

몽골 초원이 들썩였다. 몽골 초원의 예언자인 모칼리에 의해 신비성을 획득한 이 소문은 아주 빠르게 그리고 긴장감 있게 퍼져갔다. 테무진이 몸을 의탁하고 있는 자모카의 귀에도 이 소문이 전해졌다. 아주 미묘한 긴장감이 초원을 휘감고 적막한 전운이 일기 시작했다. 곧 결정의 날이 다가오고 있음을 사람들은 직감했다.

샤먼 집단의 강자인 바아린 씨족의 족장 코르치도 테무진과 자모카 중에 한 사람을 선택해야 할 시간이 왔다. 이를 눈치 챈 모칼리와 텝뎅그리는 코르치를 찾아가 설득하기 시작했다.

"코르치 족장께서 테무진 편이 되어주신다면 큰 힘이 될 것입니다."

그러나 설득은 그리 용이하지 않았다. 테무진은 아직 미완의 그릇이며 그가 가진 것은 아무것도 없었다. 설령 코르치가 테무진의 사람됨을 믿고 편을 들어 주려고 해도 자모카의 수하에 있는 테무진을 만나기조차 힘든 상황이었다.

긴 설득의 시간이 지나고 얼마 후 코르치와 테무진이 마주 앉았다. 코르치는 단도직입적으로 질문했다.

"당신이 초원의 주인이 된다면 나의 예언에 대한 보답을 무엇으로 하겠소."

직접적인 보상을 요구했다.

"만일 족장께서 정말로 고원의 통치권을 내게 선사하신다면, 1만 명을 다스리는 지도자 자리를 당신에게 주겠소."

대답이 간단하고 명쾌했다. 코르치는 승낙하는 미소와 함께 우스갯소리 한마디를 보탰다.

"나를 1만 명의 지도자로 봉하실 때 고원에서 가장 아름답고 훌륭한 여인 서른 명을 뽑아 아내로 삼을 수 있는 권리도 함께 허락해 주시오."

코르치는 테무진 편에 서서 최대한 지원할 것을 약속했다.

그리고 운명의 날은 다가왔다. 자모카는 측근들과의 회의에서 테무진과 함께할 수 없음을 통보하고 결별을 선언한다. 자모카는 테무진보다 나이도 많지만 집단의 실질적인 지도자이기 때문에 조직 전체는 자모카의 지시를 받아야 했다. 그러나 이복형을 죽일 만큼 무서운 테무진의 카리스마는 자모카에게도 부담이었을 것이다. 결국 두 사람은 결별하게 된다.

자모카와 결별

1181년 5월 중순이었다. 자모카는 겨울 야영지에서 철수하여 여름 목초지로 가는 중이었다. 평소와 다를 바 없이 긴 행렬의 선두에서 테무진과 함께 말을 타고 가면서 자모카는 테무진에게 지도자의 자리를 함께할 수 없음을 선언했다. 테무진은 예상하고 있었지만 그날이 오늘이라고 생각하지는 못했다.

사실 자모카로서는 알게 모르게 테무진이 두려웠고, 하나의 조직을 공동으로 이끌어 가기에는 테무진의 야망이 너무 커 부담스러웠다.

자모카는 낮은 목소리로 테무진에게 말했다.

"양과 염소 무리를 끌고 가 강변에 야영지를 만들어라."

결별 선언을 자모카는 그렇게 은유적으로 말했다. 말보다 가치가 떨어지는 양과 염소를 자신이 지정하는 지역으로 끌고 가서 야영을 하라는 것은 테무진의 지위를 한 단계 격하시켜 자신과 같은 지도자의 반열에 오를 수 없다는 것을 말하고 있는 것이다. 쉽게 풀어보면 헤어지자는 것을 다르게 표현하고 있는 것이다. 이를 받아들이면 자신의 부하 자리를 보전해 줄 것이고, 그렇지 않으면 함께할 수 없다는 것이었다.

테무진은 잠시 당황했지만 언젠가는 겪어야 할 일이라 생각하니 이내 마음이 진정되었다. 테무진은 행렬의 뒤를 따라오던 자신의 가족에게로 달려가 이 사실을 알리고, 자신을 위해 애써준 가까운 동지와 일행에게도 신속하게 결별 소식을 전하였다.

이제 자모카와는 냉냉한 관계가 되었다. 무리의 많은 사람들은 각자 지지하는 사람을 향하여 움직이기 시작했다. 하나의 무리가 분열되어 이동하는 현장을 바라보는 두 사람의 눈빛은 여느 때와는 달랐다. 한때는 의형제로 뜨거운 우정을 나누며 동고동락을 함께했던 사이였는데 서로를 경계하다 미워하고 끝내 분열하는

과정을 지켜보고 있었다.

긴박한 순간에 샤먼 코르치는 사람들 앞에서 큰 소리로 말했다.

"나와 자모카는 성스러운 조상 보돈차르가 약탈해 온 여인으로부터 태어난 사람들이다. 우리 집단은 원래 자모카와 헤어져서는 아니 된다. 그러나 신이 나에게 계시를 내리기를 하늘과 땅이 서로 논의하여 테무진을 국가의 주인으로 삼기로 결정하였다고 하니 나는 이제 그 내용을 여기 있는 여러분에게 전하고자 한다."

코르치의 선언은 무리들이 테무진과 자모카를 선택해야 하는 순간에 발표되었다. 사람들은 예언 능력이 뛰어난 대 샤먼 코르치의 선언에 마음이 흔들리기 시작했다. 더구나 코르치는 자모카와 같은 혈족이지만 신의 계시를 따르겠다는 선언에 더 한층 믿음이 갔던 것이다.

테무진은 새살림을 차리는 입장이고, 자모카는 자신의 재산 한 부분을 떼어내는 일이었다. 무슨 일이든 결정했으면 행동은 신속하고 확실하게 해야 한다. 신의에 조금 어긋난다고 해서 어물거리면 모두 죽을 수 있다. 결정하기까지는 어렵고 힘들겠지만 일단 결정을 하고 나면 모든 힘을 모아 목표로 하는 곳에 집중시켜야 한다.

초원에서 이제 두 사람은 친구이자 의형제에서 서로 헤어져 적이 되었다. 자모카는 테무진의 배반을 증오했지만 그의 배반에 대해 공격하지 않았다. 자신의 무리 중 상당수가 테무진을 따라갔음에도 자모카는 징벌하지 않았다.

이번 일로 테무진은 바야흐로 독립적인 세력을 가진 전사의 입지를 갖추게 되었다. 지금까지와는 다른 세상을 살아야 했다. 한 무리의 지도자로서 신중한 판단과 결정을 해야 하는 위치에 서게 되었다.

테무진은 자모카와 결별할 때처럼 살아남아 성공하기 위해서는 비정한 결정도 필요하다고 생각했다. 그러한 법칙을 잘 아는 사람이 세상을 지배할 가능성이 높다.

꿈꾸지 않는 자에게는 미래가 없다. 성공은 누구나 할 수 있겠지만 성공하려는 사람이 남과 같아서는 결코 성공할 수 없음을 깨달아야 한다. 다른 사람이 할 수 있는 일이라면 그것은 평범한 일일 가능성이 크다. 남들이 몽상가라 말할 때에도 그 길을 갈 수 있는 사람은 성공의 길로 한 발 다가선 것이다. 몽상가는 새로운 것을 발견하고 새로운 것을 만들 수 있기 때문이다.

테무진은 강렬한 폭풍 속으로 점점 들어가고 있음을 느끼며 혼잣말로 다짐했다.

"실패를 두려워 말자. 설령 실패할지라도 도전하지 않은 것보다는 낫지 않은가. 삶은 모두가 도전이다. 가장 큰 도전은 이미 탄생으로 이루어진 것이다."

테무진은 세상의 소리에 귀를 기울였다. 지도자의 힘은 자신에게서 나오는 것이 아니라 부족원으로부터 나온다. 부족원의 지지 없이 어떤 지도자도 존속할 수 없다. 진정한 힘은 밑으로부터 올라오는 것이다. 권위는 억지로 주장한다고 만들어지는 것이 아니라 존경과 공정한 배분으로부터 생겨난다.

초원의 칸이 되다

이합집산하는 초원의 집단들

테무진은 자모카와 결별했다. 짧은 만남이었지만 긴 이별이었다. 테무진이 자모카와 함께하며 얻은 것은 크게 두 가지였다. 하나는 자모카의 소속이었던 부족원들을 이끌어 나와 자신의 무리를 만든 것이고, 다른 하나는 자모카 곁에서 지도자로 성장하는 수업을 받은 것이다.

사실 테무진이 역사에 남을 인물이 되기까지 자모카에게서 얻은 것이 많았다. 자모카를 만나 힘을 얻었고, 그와 함께하며 조직 운영을 직접 경험했다. 그리고 처음으로 자신을 따르는 집단을 형성했다. 두 사람은 세 번에 걸쳐 의형제의 서약을 맺었지만 결국 갈라지고 말았다. 테무진은 많은 것을 얻었고, 자모카는 잃은 것이 많았다.

아내 부르테를 되찾기 위해 도움을 청했을 때에도 자모카는 아무런 조건 없이 도와주었다. 테무진은 이 고마움을 잘 알았기에 독립을 결심할 때 많은 고민을 했다. 그러나 인생에서 기회는 여러 번 오지 않는다. 한 번 찾아온 기회를 놓치면 한동안 다시 오지 않는다. 자모카와의 결별은 곧 경쟁의 시작이었고, 테무진은 자신의 뜻을 펼칠 무대를 얻었지만 의형제였던 자모카와는 적이 되었다.

　세상에서 가장 가까운 사람이 가장 큰 적이 될 수 있다는 옛말이 있다. 함께 생활한다는 것은 애증이 얽히는 일이며, 이해관계에도 각별히 신경 써야 한다. 돌아보면 테무진의 삶에는 몇 번의 큰 변곡점이 있었다. 아버지 예수게이가 세상을 떠났을 때 부족들이 가족과 어린 아들을 버린 것이 그 첫 번째였다. 버림을 받았지만 의형제였던 자모카의 도움으로 잠시 안정을 찾았으나, 결국 서로의 의견 충돌과 경쟁으로 의형제의 관계는 깨지고 냉혹한 현실을 맞게 되었다.

　자모카와 테무진은 각자의 세력을 키우기 위해 부족과 귀족들을 자기편으로 끌어들이며 치열하게 경쟁했다. 새로운 충성 서약과 동맹이 맺어지고, 기존의 관계는 흩어졌다가 다시 모이는 이합집산을 거듭했다. 몽골 초원에서 힘의 균형은 하루가 다르게 변했고, 격랑의 파도가 끝없이 초원을 흔들고 있었다.

　몽골족은 케레이트, 타타르, 나이만처럼 거대 부족을 하나로 통합하지 못한 채 소규모 집단으로 흩어져 있었다. 이들 중 한 집단의 균형만 흔들려도 싸움이 벌어졌고, 어느 한쪽도 초원을 완전히 장악하지 못해 혼란은 끊임없이 되풀이되었다.

　자모카와 헤어진 뒤 8년이 흐르자 테무진의 나이는 어느새 스물일곱이 되었다. 초원에도 봄이 왔다. 누렇게 말랐던 목초에 물이 오르자 가축들은 주체하기 어려울 만큼 왕성한 식욕을 보였다. 봄이 짧고 겨울이 길게 이어지는 초원에서 겨울을 이겨낸 동물만이 이 짧은 봄을 만끽할 수 있었다. 곧 초원 전체가 푸르게 물들고 힘이 넘치는 여름이 찾아왔다.

이때 테무진은 주위의 부족들을 심장 모양의 산 아래, 푸른 호숫가로 불러 몽골 전통회의인 쿠릴타이를 열었다. 쿠릴타이는 칸의 명령으로 소집되는 최고 정책 결정 회의로, 각 가문과 씨족에게 참여 여부 자체가 큰 의미가 있다. 참석은 소집자를 인정한다는 뜻이고, 불참은 반대로 거부의 뜻을 담는다. 참석 여부가 곧 투표가 되는 셈이었다.

하지만 자모카나 테무진 모두 절대강자가 아니라고 판단한 이들은 어느 편을 들지 쉽게 결정할 수 없었다. 특히 테무진은 아직

미완의 존재였다. 잘못 선택하면 곤란한 상황에 처할 수도 있었다. 당시 테무진의 세력은 가족과 친구, 그리고 자모카의 수하였던 몇몇 가족 집단으로 구성된 소규모에 불과했고, 여전히 케레이트 부족 수장 옹칸의 보호를 받는 작은 집단이었다.

텅 빈 초원에서 테무진이 소집한 쿠릴타이에 누가, 얼마나 올지 긴장감이 감돌았다. 시간이 흐르자 멀리서 한 무리가 나타났다. 자모카의 집단에서 갈라져 나온 다리타이 막내의 무리였다. 다리타이는 테무진의 아버지 예수게이의 막내 동생으로, 형이 세상을 떠나자 과부가 된 형수와 어린 조카들을 버리고 타이치오드를 따라 떠난 인물이다.

뒤이어 네쿤 타이지의 아들 코차르 베키의 무리도 모습을 드러냈다. 코차르 베키 역시 테무진의 사촌으로, 마찬가지로 타이치오드를 따라 숙모와 어린 사촌을 버렸던 이였다. 그러나 이제 미래의 강자를 향해 사람들은 하나둘 모여들고 있었다. 초원에서는 힘의 원리가 무엇보다 강하게 작동했다.

칸의 등극

초원의 영향력 있는 5촌 당숙 알탄을 비롯해 코차르, 사차 베키 등이 합의해 테무진을 자신들의 칸으로 추대하자는 데 뜻을 모으고 이를 테무진에게 전했다. 그리고 죽음을 담보로 한 충성을 맹세했다. 〈몽골비사〉에는 이렇게 적혀 있다.

"그대가 칸이 되면
우리는 수많은 적을 향해 앞장서 달려가겠소.
말등에 채찍을 가하여
초원을 뛰는 짐승들의 배가 서로 맞닿도록 포위를 조여 주고.
골짜기와 벼랑에 있는 짐승들의 다리가 서로 닿을 만큼 몰아가
　겠소.
전쟁 중에
그대의 명령을 어기면
우리의 재산과 처자를 빼앗고
우리의 검은 머리를 땅바닥에 내 던지소서
평화 시에
그대의 마음을 어지럽히면
우리의 천막과 가족을
주인 없는 초원에 버리고 가시오."

쿠릴타이에 모인 사람들은 데무진을 간으로 옹립했나. 푸른 호수에 모인 이들은 '칭기즈칸'이라는 이름을 지어 테무진에게 바쳤다. 테무진이 칭기즈칸으로 등극한 날이었다.

테무진은 칸이라는 칭호를 받아들였다. 칸이 된다는 것은 단순히 새로운 이름을 얻는 일이 아니었다. 몽골족의 진정한 1인자임을 인정받는 것이며, 다른 부족과의 경쟁을 공식적으로 선언하는

일이기도 했다.

당시 몽골족은 여러 지역에 흩어져 부족별로 살아가며 힘을 모으지 못했다. 테무진의 아버지 예수게이가 족장으로 있던 집단과 테무진과 경쟁 관계에 있던 자모카 집단, 그리고 여러 소집단들이 각기 세력을 키우고 있는 상황에서 테무진이 초원의 최고 강자 '칸'으로 인정을 받은 것이다.

하지만 테무진은 자신이 초원의 강자인 칸으로 등극했다 해도 옹칸에게 도전할 뜻이 없음을 분명히 했다. 사절을 보내 충성심을 재확인시키며 그의 승인을 받았다.

힘은 스스로 만들어야 한다. 내가 강해야 더 큰 세상을 만날 수 있다. 몽골 전체를 통일한 것은 아니었지만 테무진은 초원의 강자로 우뚝 서서 칭기즈칸이 되었다.

한때 한 솥 밥을 먹던 자모카는 테무진의 칸 등극을 인정하지 않았다. 〈몽골비사〉에는 자모카의 반발이 이렇게 기록되어 있다.
"의형제인 테무진이 나와 함께 있을 때는 왜 그를 칸으로 추대하지 않았는가?
지금 너희는 어떤 생각으로 테무진을 칸으로 세우려 하는가?"

자모카는 테무진을 따라간 자신의 부족들을 증오했다. 초원은 긴장이 점점 고조되고 있었다. 자모카에게서 떨어져 나간 무리가 테무진을 칸으로 뽑았다는 것은, 스스로 칸으로 등극하지 못한 자모카의 입지를 애매하게 만들었다. 이는 곧 테무진보다 아래의 위치로 떨어졌음을 뜻했고, 자모카가 받아들이기 어려운 일이었다. 그에게 테무진의 칸 등극은 몽골족의 통일을 꿈꾸던 자신의 입장에서 도전장을 받은 것이나 다름없었다.

그러나 옹칸의 입장은 다소 달랐다. 테무진을 자신의 아들처럼 여겨온 옹칸은 그의 성장을 두려운 존재로 여기지 않았다. 오히려 테무진이 결혼 예물로 받은 담비 모피까지 바치며 충성을 서약했기에 특별히 경계할 이유가 없었다.

이제 몽골 초원에는 세 명의 강자가 존재했다. 기존의 옹칸, 테무진의 의형제였던 자모카, 그리고 새롭게 세력을 형성한 테무진이다. 몽골 제국의 진정한 강자가 되기 위해서는 결국 테무진과 자모카의 일대 격전이 불가피했다.

남자의 세계에서 강자는 단 하나. 초원은 강자 하나만을 인정했다.

테무진은 여러 차례 곤경에 빠졌지만 늘 살아남았다. 살아 있음에 신에게 감사하며 재기를 다짐했고, 때를 기다리며 기도했다. 칭기즈칸은 나아갈 때와 물러설 때를 아는 지도자로 성장했다. 힘이 없을 때 욕망을 실현하려는 것이 얼마나 어리석고 무모한 일인지를 그는 경험으로 배웠다.

나약한 욕망은 좌절로 끝날 뿐이다. 기다림의 시간은 곧 준비의 시간이며, 기회를 엿보는 시간이다. 머물러 있는 시간을 헛되이 보내면 기회가 와도 잡을 수 없다.

칭기즈칸은 새롭게 일어서고 있었다. 그리고 그때를 위해 치밀하게 준비하고 있었다.

옹칸과의 정략결혼 제안

칭기즈칸은 아직 절대 강자가 아니었다. 서로 대적하고 있는 자모카가 있고, 두 사람의 힘이 약화되기를 은근히 기다리며 조정하는 옹칸도 있었다. 사실 자모카와 칭기즈칸이 떠오르는 해라면, 옹칸은 지는 해였다.

칭기즈칸은 더욱 공고한 힘을 과시하고 미래로 가는 길을 탄탄하게 닦기 위해 옹칸과의 연합을 추진했다. 그 방법 중 하나가 자신의 장남 주치와 옹칸의 딸을 결혼시키는 것이었다. 칭기즈칸의 아버지 예수게이가 아들 테무진의 결혼을 정략적으로 이용하려 했듯이, 칭기즈칸도 아들의 결혼을 빌미로 옹칸의 힘을 빌리려 했다.

옹칸은 이미 늙었고 그의 아들은 부족으로부터 신망을 얻지 못했다. 재능도 없었으며 독자적으로 추종자들을 거느릴 리더십도 없었다. 테무진은 자신만이 옹칸 이후의 권력을 휘어잡을 수 있는 사람이라고 생각했다. 칭기즈칸은 옹칸에게 두 집안 간에 겹

사돈을 맺자고 요청했다. 몽골 초원에서 가장 앞선 사람이 될 수
있는 기회라고 여겼다.

칭기즈칸은 옹칸의 딸 차오르 베키를 데려와 자신의 큰아들 주
치와 혼인시키고, 옹칸의 손자인 토사카에게는 칭기즈칸의 큰딸
코진 베키를 주겠다고 했다. 겹사돈을 맺어 초원의 강자로 올라
서겠다는 야심찬 계획이었다. 만약 이 결혼 요청을 받아주면 자
모카보다는 자신의 미래를 더 인정한다는 것이기 때문에 칭기즈
칸은 옹칸의 힘을 최대한 이용할 생각이었다. 그러나 결과는 뜻
밖이었다. 칭기즈칸의 결혼 요청을 옹칸이 냉정하게 거절했다.

“칭기즈칸이 내 딸을 며느리로 삼으려 하다니, 칭기즈칸은 나
의 봉신封臣이자 수하手下라는 사실을 모른단 말인가?”

옹칸은 모욕적인 발언까지 했다. 거절한 것도 부족해 칭기즈
칸의 마음을 뒤흔드는 말을 해놓고 후환이 두려웠다. 자신이 뱉
은 거절의 말이 지나쳤다고 생각했지만, 이미 담을 수 없었다. 초
원의 떠오르는 강자 칭기즈칸과 등을 지고 삼각 구도를 형성하고
있는 현실에서 옹칸의 입지가 약화될 것이 뻔했다. 옹칸의 아들
생굼이 늙은 아버지의 감성적인 약점을 자극하며 만류했다.

“만약 대칸인 아버지께서 우유나 물조차 드실 수 없는 때가 온
다면, 우리 케레이트 부족을 저에게 다스리게 하시겠습니까? 아
니면 칭기즈칸에게 다스리게 하시겠습니까?”

옹칸은 아들의 치밀하고 전략적인 말을 듣고 난 후 칭기즈칸이 제안한 결혼 요청을 받아들인다는 메시지와 함께 날짜와 장소를 칭기즈칸에게 통보했다. 옹칸이 냉정하게 거절했던 혼인 요청을 받아들이게 된 것에는 셍굼의 모략과 음모가 숨어 있었다. 옹칸은 칭기즈칸을 없애려는 계략을 세우고 발이 빠른 사람을 시켜 전갈을 보냈다.

"칸의 혼인 제안을 승낙하기로 마음을 바꾸었으니 다음 장소에서 만나세."

전갈을 받은 칭기즈칸은 기쁜 마음으로 약속 장소로 나갔다. 옹칸은 칭기즈칸이 20년 이상을 의부로 모신 사람이기 때문에 아무런 의심을 하지 않았고, 자신에게도 이번 기회가 한 단계 더 성장하는 의미 있는 자리라 생각해 소규모의 사람들만 데리고 상견례 장소로 향했다. 그곳은 옹칸의 왕실에서 말을 타고 하루 정도를 가야 도달할 수 있는 거리에 있었다.

칭기즈칸은 가는 길에 사촌에게 잠시 들러 이야기를 나누었다. 사촌은 칭기즈칸의 말을 듣고 상견례 행사를 의심했다. 그는 여러 해 전 아버지 예수게이가 임종했을 때 칭기즈칸을 집으로 데려온 사람으로, 전쟁과 음모의 틈바구니에서도 살아남을 만큼 영리하고 촉이 뛰어난 인물이었다. 그는 상견례에 무슨 음모가 있을 것 같으니 참석하지 말 것을 권했다.

사촌의 이야기를 듣고 난 칭기즈칸은 상견례 참석을 취소하고 집으로 돌아가기로 결정했다. 음모가 있음을 직감한 것이다. 그 것뿐이 아니었다. 옹칸이 칭기즈칸을 죽이려는 음모를 먼저 알아 챈 두 명의 양치기가 쉬지 않고 말을 달려 옹칸의 계략을 칭기즈 칸에게 소상히 전했다. 죽을 고비가 있을 때마다 칭기즈칸은 누 군가의 도움으로 살아났다. 그것은 천운이었고, 하늘이 칭기즈칸 편에 서 있는 듯했다.

멀지 않은 거리에서 칭기즈칸을 향해 달려오는 무리가 있었다. 암살 계획이 수포로 돌아가자 음모를 꾸민 옹칸의 추종자들이 칭 기즈칸을 추격하기 시작한 것이다. 자신들의 계략을 미리 알아 차리고 집으로 돌아가는 칭기즈칸을 중간에서 제거하려는 것이 었다.

칭기즈칸의 군대는 멀리 떨어져 있고, 함께 돌아가는 사람들은 몇 명에 불과하다는 사실을 알고 있던 이들은 칭기즈칸을 발견만 하면 간단히 처리할 수 있을 것이라고 생각했다. 칭기즈칸을 제거하기 위해 무기를 준비한 자들과 상견례에 참석하려는 비무장 사람들과는 싸움에서 비교가 되지 않았다.

칭기즈칸은 그들과 대적해 싸울 수 없음을 알았다. 소수의 전사로 대적한다는 것은 위험한 일이었다. 그는 모두에게 흩어지라고 명령했다. 그리고 몇 명만 데리고 옹칸의 추적권을 벗어나기 위해 달아나기 시작했다.

칭기즈칸이 이렇게 달아난 것은 이번이 처음이 아니었다. 자신의 아내 부르테를 남겨두고 도망쳤을 때도 지금과 같았다. 그때는 지금보다 더 비참했다. 사랑하는 아내를 남겨두고 도망가야 하는 남편의 심정은 글로 표현할 수 없을 만큼 참담했다. 지금은 자신의 진영으로 돌아가는 길을 재촉하는 정도의 심정이었다. 다행히 가족은 붙잡히지 않았고, 식량과 게르도 불타지 않았다.

발주나의 맹약

칭기즈칸이 도망을 갔다. 지도자인 칭기즈칸이 사라지자, 그의 군대는 깊은 혼란에 빠졌다. 그를 따르던 무리들은 도망간 사람을 지도자로 계속 기다릴 것인지, 아니면 새로운 길을 찾아야 할 것인지를 두고 고민하기 시작했다.

칭기즈칸 역시 어려운 처지에 놓였다. 갑작스러운 도피로 아무런 준비가 없었다. 먹을 것도 없이 며칠 동안 말을 달려 도착한 곳은 발주나 호숫가였다. 부하 19명과 함께 도망치느라 무엇 하나 챙길 수 없었다. 이들은 이곳에서 몇 달 동안 숨어 지냈는데, 먹을 것이 없어 흙탕물로 연명하고 있었지만 사실은 굶어 죽을 지경이었다.

그때 북쪽에서 야생마 한 마리가 달려왔다. 칭기즈칸의 동생 카사르가 달려가 말을 붙잡아왔다. 굶주린 이들은 말을 잡아 가죽을 벗기고 고기를 잘랐다. 가죽으로 큰 주머니를 만들어 고기와 물을 담고, 말똥을 모아 불을 지폈다. 솥이 없어 물을 끓이지 못하자 돌을 불에 달군 후 가죽 부대 안에 넣어 물을 데워 고기를 익혔다.

죽을 위기에 처했을 때, 먹을 것도 없고 피신할 곳조차 없었을 때 하늘이 자신을 도우려 야생마를 보내준 것이라 칭기즈칸은 믿었나. 말은 몽골에서 신성한 존재이자 없어서는 안 될 농불이다. 신에게 제물로 바치기도 하는 말이, 생사의 기로에 선 자신들의 목숨을 구해준 것은 하늘이 내린 선물이라고 여겼다.

그는 하늘을 향해 이렇게 기도했다.

"내가 이 모든 고난을 극복하고 대업을 이룰 수 있게 도와주소서.

나와 함께 고난의 대업에 참가한 모든 병사들을 기억하소서.

내가 이후에 이 맹세를 저버린다면 이 흙탕물처럼 나를 죽이소서."

칭기즈칸은 한 손을 하늘로 들고 다른 한 손으로 발주나의 흙탕물을 퍼 올렸다. 함께해 준 부하들의 의리에 감사하며 결코 잊지 않겠다고 외쳤다. 그리고 부하들과 흙탕물을 함께 마시며 충성을 서약했다. 이것이 바로 역사에서 말하는 '발주나의 맹약'이다. 몽골 제국의 정체성과 리더십이 전환점을 맞이한 사건이었다.

의리로 뭉친 발주나의 맹약은 칭기즈칸이 조직을 세우고 몽골 제국의 통치 원리를 만드는 데 결정적인 영향을 미쳤다. 몽골 역사상 가장 상징적 의미가 큰 이 맹약은 혈연과 인종, 종교를 넘어 능력과 충성심, 통합 정신이 인정받는 문화를 탄생시켰고, 훗날 세계 정복으로 이어지는 토대를 마련했다.

칭기즈칸과 함께한 19명의 도망자는 모두 출신이 달랐다. 칭기즈칸과 동생 카사르는 몽골족이었지만, 나머지는 메르키트·키타이·카레이트 부족 출신이었다. 종교 또한 다양해 무슬림, 기독교, 불교 신자가 섞여 있었다. 다른 환경에서 자라 서로 다른 인생관을 지녔지만, 그들은 마음을 하나로 모아 강력한 결사체를 이루었다. 이 결의는 스스로의 의지로 맺은 것이었기에 더 큰 결집력을 가졌다.

칭기즈칸이 자신의 진영으로 돌아왔을 때, 그를 따르던 일부는 옹칸에게, 또 일부는 자모카에게로 갔다. 가장 가슴 아픈 일은 숙부의 이탈이었다. 그는 아버지 예수게이의 두 형제 중 한 사람으로, 예수게이가 어머니를 메르키트 부족에게서 납치해 올 때 함께했던 인물이었다.

세상은 원하는 대로 움직이지 않았다. 초원에서는 음모와 배반이 끊임없이 일어났고, 그래서 더욱 의리를 중시하는 문화가 자리 잡았다.

칭기즈칸은 발주나에 숨어 반격의 기회를 엿보았다.

"적은 나의 약점을 이용할 것이다. 살아남으려면 스스로 강해져야 한다."

그는 재기의 기회를 기다리며 초원 곳곳에 흩어진 추종자들에게 꿈과 희망이 담긴 메시지를 전했다. 목표를 이룰 수 있다는 자신감도 함께 전했다.

며칠이 지나자 칭기즈칸도 놀랄 만큼 많은 인원이 모여들었다. 미래를 약속하는 지도자에게 사람들은 자연스레 모였다. 그는 그들에게 희망을 심어주는 동시에 실천 방안을 제시했다. 패기 넘치고 미래를 기대할 수 있는 젊은 지도자다운 면모였다.

칭기즈칸은 세력을 결집해 옹칸을 향해 진군했다. 이 소문은 몽골 초원에 빠르게 퍼졌고, 많은 이들이 그의 부하가 되겠다며 모여들었다. 어머니와 아내 부르테의 친척들 중 상당수도 옹칸의 진영을 떠나 칭기즈칸에게 합류했다.

한편 옹칸은 칭기즈칸을 계략에 빠뜨려 멀리 쫓아낸 뒤 기뻐하며 잔치를 벌였다. 칭기즈칸의 생사를 알 수 없는 상황이 오래 이어지자 그의 조직은 균열을 보였다. 일부 세력이 칭기즈칸을 버리고 옹칸에게 합류하자, 옹칸은 세상을 다 얻은 듯한 착각에 빠져 축제를 열었다. 그는 초원에서 일어나는 변화를 알지 못했다.

세력을 모은 칭기즈칸은 옹칸을 향해 전력으로 질주했다. 그의 공격은 빠르고 즉발적이었다. 달리는 말들이 지치면 곧바로 예비

말로 갈아타고 달렸기에, 그 속도는 누구도 따라잡을 수 없었다. 칭기즈칸의 푸른 군대는 밤낮을 가리지 않고 달리며 '번개 진격'이라 부른 전술을 펼쳤다.

칭기즈칸은 초원을 곧장 가로질러 카레이트 왕궁을 초토화시키는 대신, 험준한 고개를 넘어 우회하는 길을 택했다. 옹칸의 군대를 가볍게 볼 수 없었기 때문이다. 아직까지 형식적으로 칭기즈칸의 군대는 옹칸 산하 부대였고, 그만큼 옹칸의 영향력은 막강했다.

그가 선택한 고개는 매우 험해 넘기 힘든 곳이었다. 그러나 적의 허점을 찌르기 위해 긴급 상황에서도 신중히 험로를 선택했다. 강한 복수심과 반드시 성공해야 한다는 집념이 아니었다면 내릴 수 없는 결정이었다.

옹칸은 방심한 채 축제를 즐기고 있었다. 이때 칭기즈칸의 군대는 왕궁을 포위했다. 준비되지 못한 옹칸의 군대는 칭기즈칸의 공격 명령에 무너질 수밖에 없었다. 사흘간의 치열한 전투 끝에 칭기즈칸은 승리하였다.

정착민의 세계로 향하는 세계전략

적을 받아들여 전력을 증강하다

칭기즈칸은 옹칸의 휘하에 있던 무리들을 받아들였다. 적을 받아들여 전력을 증강하는 정책은 몽골군의 전통으로 이어졌다. 칭기즈칸은 적을 물리친 것이라기보다 옹칸의 군대를 삼킨 격이었다. 옹칸의 부하들을 받아들인 칭기즈칸의 군대는 규모가 커졌다. 적의 병사를 받아들여 전력을 강화하는 정책은 적과 동침하는 것과 같아 결코 쉬운 일이 아니었다. 그는 적이었던 무리들을 자기편으로 받아들이고, 그들이 전투에서 공을 세우면 상응한 대우를 해주었다.

끝이 없는 전쟁에서 많은 사상자가 나와도 줄어들지 않는 전력을 보강해 주는 이 정책은 효과적이었다. 같은 조건과 기회를 주면 전사들은 보답이라도 하듯 충성을 다했고, 칭기즈칸은 언제나 약속을 지켰다.

칭기즈칸의 승리와 옹칸의 몰락은 같은 순간에 찾아왔다. 케레이트 부족의 상층부 귀족들은 제각각 살길을 찾아 도망갔다. 옹칸은 나이만 국경까지 도망갔다가 국경의 경비병이 케레이트 부족의 왕인 옹칸을 알아보지 못하고 죽여 버렸다. 그의 아들은 남쪽으로 도망갔다가 하인들에게 버림을 받아 사막에서 목이 타 죽었다. 옹칸과 그의 아들은 장렬하지도 극적이지도 않은 죽음을 맞이했다. 쓸쓸한 초원에 석양이 기울듯 그렇게 기울어갔다.

이제 칭기즈칸은 나이만족을 겨냥했다. 나이만족은 객관적으로 볼 때 칭기즈칸의 군대보다 강했다. 나이만을 치기 전에 그는 선전 전술을 먼저 사용했다. 나이만 왕실에 대한 이상한 소문을 퍼뜨린 것이다.

나이만족의 타양 칸이 기억이 흐려지고 약골이 되자 부인과 아들이 많은 사람들 앞에서 타양 칸에게 거칠게 모욕감을 주는 말을 한다는 거짓 소문이 돌았다. 타양 칸의 아들이 자기 아버지를 '타양 할머니'라고 부른다는 소문, 타양 칸은 겁이 많아 임신한 여자가 오줌을 누러 나가는 거리만큼도 무서워서 나가지 못한다는 등 일상적인 일을 거짓으로 만들어 퍼뜨렸다. 또한 몽골족이 나이만에 대한 적개심을 키우도록, 나이만 왕비가 몽골족을 더럽고 냄새나는 야만인이라 여긴다는 역발상적인 소문도 흘렸다.

나이만은 칭기즈칸이 정면 대결로 승리하기에는 너무 큰 부족이었다. 이 부족을 무너뜨리기 위해 칭기즈칸은 할 수 있는 모든 방법을 총동원했다. 전장의 전사들이 힘을 기르고 의욕을 갖도록 전설 같은 이야기도 지어 퍼뜨렸다.

"몽골족의 코는 끌이며, 혀는 날카로운 송곳이다. 그들은 이슬을 먹고 살며 바람을 타고 다닌다."

이렇게 떠도는 소문들은 나이만족을 위축시기는 동시에 칭기즈칸에게 유리하게 작용했다.

또한 칭기즈칸에 대한 소문도 초원을 떠돌았다.

"칭기즈칸은 몸 전체가 서로 꽉 맞물린 구리와 강철로 이루어져 있어 어떤 송곳으로도 뚫지 못한다."

몽골족 전사들에 대한 이야기와 칭기즈칸에 대한 신비로운 소문이 나이만족의 귀에 들어갈 때마다, 몽골족은 다른 부족과 다른 특별한 사람들로 각인되었다. 처음에는 그럴 리 없다고 단정하던 이들도, 같은 말을 반복해 들으면 '혹시 진짜일까' 하는 마음으로 바뀌었다.

대중 선전 전략은 긴장된 전사들의 사기를 올리거나 꺾는 중요한 수단이었다. 언제 어느 방향에서 적이 출현할지 몰라 촉각을 곤두세우는 상황에서, 혹은 전장에서 무서울 정도의 침묵이 이어질 때 누군가의 입에서 이런 이야기가 흘러나오면 전사들의 감정은 예민하게 반응했다. 특히 어둠 속에서 모닥불 하나에 의지해 밤을 지새울 때 거짓 소문의 위력은 더 커졌다.

칭기즈칸은 다른 전술도 이용했다. 수가 불리한 상황을 극복하

기 위해 적과 대치할 때 숙영지에서 병사 1인당 5개씩의 모닥불을 피워 병력이 많은 것처럼 보이게 했다. 부대를 이동시킬 때는 나뭇가지를 수레나 말에 달아 먼지를 일으켜 부대 규모가 실제보다 커 보이도록 했다.

전장에서의 전술도 새롭게 개발했다. 그는 전투에 들어가기 전에 10명으로 이루어진 분대별 군사 조직을 실전에 적용했다. 수적으로 적은 칭기즈칸의 군대는 전면전을 치르기에 맞지 않았다. 10명의 분대원은 빠른 속도를 이용해 적이 눈치채지 못하는 사이 치고 빠지는 방법과, 야간을 이용한 기습 전술을 사용했다. 이는 적은 수의 군대로 승리할 수 있는 최선의 방법이었다.

칭기즈칸은 독특하고 기발한 발상으로 전투기법을 만들어내고 활용했다. 적은 인원으로 큰 군대를 가진 적과 맞서 싸울 수 있었던 것은 개인의 강인함뿐 아니라 강한 연대 의식 덕분이었다. 그는 사냥을 하며 전술을 개발하고 실험했다. 칭기즈칸은 늘 새로움에 목말라 있었다.

푸른 전사가 강해질 수 있었던 것은, 칭기즈칸이 전술을 개발할 때 부하들의 의견을 최대한 받아들이고 실험한 결과였다. 전력과 전술의 발전은 칭기즈칸의 조직력과 흡인력에 있었다.

칭기즈칸이 창설한 친위대는 가장 가까운 곳에서 그의 명령과 그 실행 여부를 확인하는 동시에, 그의 신변을 보호했다. 덕분에 치열한 전투에서도 전체를 안정적으로 통괄할 수 있었다. 친위대의 군사들은 족장들의 아들이 주축이 되었는데, 그들이 전투에 참여하면 전력은 일반 병력의 배가 되었다.

나이만족의 타양 칸 군사들은 사기가 많이 떨어졌고, 결속력이나 지휘 체계도 일사불란하지 못했다. 칭기즈칸 군대의 공격에 타양 칸의 군대는 제대로 싸워보지도 못하고 참패했다. 타양 칸은 큰 부상을 입고 이내 사망했으며, 그의 아들은 중앙아시아로 도망갔다. 그만큼 칭기즈칸의 군대는 강해져 있었고, 조직력과 전투 능력은 스스로도 놀랄 만큼 성장해 있었다.

하늘의 태양은 하나

이제 초원에는 칭기즈칸과 의형제였던 자모카만이 남아있다. 사랑과 미움, 우정과 원망이 함께 존재했던 두 사람이었다. 한때는 서로가 서로의 등에 기대어 의지하였고, 한때는 서로를 죽이려 했던 사이였다. 한마디로 설명하기 어려운 애증의 관계인 두 사람이 몽골 초원에 남았다. 이제 두 사람은 한 사람을 죽여야 하는 전쟁을 할 것인지, 아니면 서로 연합하여 같은 배를 함께 타고 가야 하는지를 결정해야 할 운명의 시간이 다가오고 있었다.

자모카의 무리에서 나온 칭기즈칸이 부족민들의 동의를 얻어 칸으로 등극하였지만 자모카는 인정하지 않았다. 서로 헤어져 등을 돌린 두 사람은 이제 원수지간이 되었다. 칭기즈칸이 칸으로 추대되고 난 다음 해에 소떼 습격 사건이 일어나자 칭기즈칸의 부하가 자모카의 동생을 죽였다. 이에 자모카는 분노했고 즉각적으로 칭기즈칸을 공격했다. 칭기즈칸이 유도한 전쟁이었다.

몽골의 강자를 가리기 위한 첨예한 대립은 늘 있었지만 두 사람이 갈라진 후로 둘은 서로를 경계하였고, 언제 공격해 올지 모른다는 긴장감이 초원을 휘감고 있을 때 칭기즈칸 진영에서 자모카의 동생을 죽임으로써 전쟁이 불꽃처럼 일어난 것이다.

자모카와 칭기즈칸은 주변 부족들에게 도움을 요청하기도 하고 각자의 방식으로 세력을 모았다. 두 진영의 군대는 각각 3만 명 규모로 비슷했지만 전쟁은 자모카의 승리로 끝이 났다. 칭기즈칸이 싸우다 후퇴하자 자모카는 퇴진하는 칭기즈칸의 무리를 더 이상 추격하지 않고 회군하다가 세력 확장을 위해 벼르고 있던 치노스 족을 공격했다.

자모카는 칭기즈칸에게 보여주기라도 하듯 포로로 잡은 치노스 족의 지휘관을 끌고 와 목을 자른 후 자신의 말꼬리에 잘려진 머리들 묶고 끌고 나녔나. 이 같은 행위가 몽골족에서는 금시되어 있다는 사실을 잘 알고 있는 자모카였다. 몽골족이 가장 성스럽게 여기는 사람의 머리에 치욕을 준 것은 영혼을 더럽히는 일이었다. 그것도 말의 꼬리에 묶은 것은 죽은 자의 가족에게 치욕을 안겨주는 일이었다.

그뿐만이 아니었다. 치노스 족장 및 귀족의 자제 70명을 산 채로 솥에 집어넣고 삶아 죽였다. 이것은 영혼까지 죽이는 비열한 방법으로, 전쟁에서 패배한 상대에게 치욕을 주는 치졸한 행동이었다. 자모카의 이러한 잔인하고 비정상적인 행위는 몽골족들에게 그의 잔인함과 지도자로서의 위치를 의심하게 만든 것이었다.

치노스 족의 최후를 바라본 사람들은 동요했다. 자모카 내부 조직에서도 동요가 일기 시작했다. 타이치오트계와 관계를 맺고 있던 자모카 내부 세력들 중 일부가 떨어져 나와 칭기즈칸에게로 넘어가고 일부는 원래의 위치로 돌아갔다.

도리어 전쟁에서 패배한 칭기즈칸은 긍정적인 효과를 거둔 것

이다. 동정심과 함께 포용력이 있다고 소문난 칭기즈칸에게 자청해서 무리들이 모여들었다. 전쟁에서 진 것이 힘이 되는 순간이었다.

전쟁이 끝난 것이 아니었기 때문에 칭기즈칸과 자모카는 각자의 세력을 집결시키는 데 총력을 기울였다. 마지막 한 판 대결이 기다리고 있음을 둘은 알고 있었다. 피할 수 없는 경쟁관계가 지속되고 정면 대결을 향한 전쟁의 씨앗은 잉태되고 있었다.

꿈을 꾸는 자는 그 꿈을 실현하려 노력한다. 그 꿈이 크면 노력의 강도가 커지고, 꿈이 아름다우면 아름다운 일을 만들려 땀을 흘린다.

"꿈을 가슴에 품으면 그 꿈의 모양대로 행동하게 된다."

칭기즈칸의 꿈은 초원을 통일하는 것이었다. 자모카에게도 몽골 초원을 통일하겠다는 꿈이 있었다. 두 사람이 꾸는 꿈은 같았지만 칭기즈칸의 꿈은 부족민들과 공유하는 것이었고, 자모카는 부족민들과 그 꿈을 공유하지 못했다. 꿈의 차이가 두 사람이 맞이할 성공과 실패를 나누어 놓고 있었다.

칭기즈칸보다 더 많은 부족민과 힘을 가졌던 자모카는 이제 겨우 현상 유지를 하고 있을 정도였다. 칭기즈칸은 부족 내에서 확고한 위치와 조직을 장악하고 있었으나, 자모카는 조직 내부에서조차 불만이 커져가고 있었다. 자모카에게도 열정은 있었지만 포용력이 없었다.

하늘이 선택한 사람

칭기즈칸은 달리는 말에 채찍을 가했다. 그리고 방향이 맞는지를 확인했다. 다시 돌아볼 줄 아는 리더였다. 이제 결전의 날은 멀지 않았고, 몽골 초원의 민심은 강하고 능력 있는 지도자를 선택해야 했다. 서로 경쟁하고 협력하며 같은 길을 걸어온 자모카는 테무진의 의형제였고, 칭기즈칸이 되기까지 많은 부분에서 도움을 준 사람이었다. 어쩌면 오늘 이 자리에 서 있도록 해준 사람도 자모카였다. 칭기즈칸은 한때 자모카를 미워했지만 미워할 수만은 없는 특별한 존재였다. 몽골 초원에서 옹칸이 제거된 지금, 칭기즈칸과 자모카의 결투는 피할 수 없는 숙명이었다. 화합이나 동맹도 이론적으로는 가능하겠지만 이미 그 단계를 넘어서 있었다. 두 사람 누구도 상대에게 머리를 숙이며 부하로 들어갈 생각은 없었다. 자모카는 자모카대로, 칭기즈칸은 칭기즈칸대로 꺾일 수 없는 자존심이 있었다.

세상은 냉혹하여 언제나 강자의 편을 들어주었다. 칭기즈칸은 강해지기 위하여 오랫동안 전래되어 오던 방식을 과감하게 털어버리고 새로운 방식을 도입해 체제를 정비하였지만, 자모카는 기존의 방법으로 조직을 공고히 하려 했다. 이미 다른 길을 들어선 두 사람이었기에 어느 방법이 옳았는가는 전쟁을 통한 한 판 승부로 결정되게 되어 있었다.

칭기즈칸 부족의 뿌리는 자모카에게서 분리되어 나온 것이었다. 둘의 경쟁은 같은 뿌리끼리 싸우는 형국이었다.

'하늘에 태양은 하나다.'

몽골 초원의 강자가 되기 위해 마지막 남은 과제를 기다리는 두 사람의 마음은 달랐다. 칭기즈칸은 성장하면서 동족으로부터 외면당하고 풍전등화 같은 어려운 위기에 처해 있을 때 자신을 받아준 자모카를 미워하는 마음보다 고마워하는 마음이 더 컸다. 그러나 자모카는 달랐다. 어려울 때 거두어준 사람이 배반했다는 섭섭함이 더 강했다.

한순간도 방심할 수 없는 긴장감이 초원을 휘감고 있었다. 진보적인 칭기즈칸과 보수적인 자모카의 군대는 명령을 기다리고 있었다. 역사는 누구의 편을 들어줄 것인가.

전쟁 준비는 쉬지 않고 진행되었다. 야망의 실현을 위해서는 죽음도 두려워해서는 안 되는 극한 상황이었다. 어차피 사내들의 전쟁놀음은 죽음과 직결되어 있다. 승자는 축제의 잔치를 열고 기뻐하지만 패자는 숨어야 하는 저절함을 누구보다도 잘 아는 사람들이었다. 전쟁에서는 2등이 없다. 오로지 우승뿐이다.

그러나 격렬해야 할 한 판 승부를 역사는 바라지 않았다. 두 사람의 결투는 찾아오지 않았다. 폭풍 전야 같았던 전쟁의 기운이 해제된 것은 자모카의 부하들이 그를 포박하여 칭기즈칸에게 데려왔기 때문이었다.

칭기즈칸은 자모카와 적대 관계였지만 사나이들의 의리를 존중할 줄 아는 사람이었다. 칭기즈칸은 자모카를 포박해 온 자모카의 부하들에게 상을 주는 대신 죽음을 선물했다. 자모카가 지켜보는 가운데 그들의 처형을 명령했다. 한때 자신의 의형제였던 자모카에 대한 예의이기도 했다.

칭기즈칸은 포박되어 있는 자모카를 풀어주라고 명령했다. 자모카를 묶은 포승줄이 풀리자 칭기즈칸은 자모카에게 말했다.

"우리 다시 옛날처럼 친구가 되자."

자모카는 말이 없었다.

"이제 다시 힘을 모아 함께 일해 보자. 서로에게 감사했던 일들을 일깨워 서로를 잠에서 깨워주자. 자네는 가까이 있을 때는 물론이고 멀리 떨어져 있을 때에도 언제나 행운과 축복을 전해 준 나의 친구고 형제였다."

칭기즈칸은 솔직하고도 담담하게 말을 이어갔다.

"물론 죽고 죽이던 시절에는 그대의 명치와 심장이 나 때문에 고통을 겪었을 수는 있었겠지. 베이고 베던 시절이니까."

여전히 자모카는 듣고만 있었다.

칭기즈칸은 간곡하게 함께 일할 것을 제의했다. 서로 의형제였을 때에는 자모카가 형이었다. 이제 패장이 되어 칭기즈칸에게 잡혀와 있는 그는 과거에는 모든 것이 칭기즈칸보다 우월한 위치에 있었다. 그러나 세월은 자모카에게서 등을 돌렸다. 이 순간 초라해진 자모카이지만 사나이로 살아온 인생이라 구차한 삶을 선택하고 싶지는 않았다. 한때는 자신의 수하에 들어와 밥을 얻어먹던 칭기즈칸에게 기대고 싶지 않았다. 더구나 자신을 배반한 칭기즈칸에게는 더욱 그러했다.

"세상이 자네를 맞이하고 있는데 내가 자네의 친구가 되는 것이 무슨 큰 도움이 되겠는가?"

거절이었다.

자모카는 자비를 구하는 대신 죽음을 선택하면서 자신의 마지막 죽음에 최소한의 예의를 지켜줄 것을 주문했다. 첫 번째는 자신이 죽을 때 피를 흘리지 않게 해달라는 것과, 두 번째는 야수와 새의 먹이가 되지 않도록 높은 곳에 안장해 달라는 것이었다.

전하는 이야기에 의하면 칭기즈칸은 성인이 되어 자모카와 의형제를 맺을 때 자모카에게 주었던 황금 허리띠를 채워 장사를 지내 주었다.

초원은 결국 칭기즈칸 한 사람을 선택했다. 죽은 자모카는 칭기즈칸의 인생을 열어준 친구이자 형이었다. 그가 사나이답게 스스로 죽음을 선택하자 초원은 통일되었다.

이제 초원의 강자 칭기즈칸은 태양이 되었다. 몽골을 통일하자 초원에 평화가 찾아오고 부족 간의 싸움도 끝이 났다.

몽골 제국의 탄생

마지막 경쟁자인 자모카가 떠난 초원은 칭기즈칸의 독무대가 되었다. 칭기즈칸이 대몽골 제국의 탄생을 선언하자 몽골 초원은 새로운 강자 칭기즈칸을 받아들였다. 남쪽의 고비사막으로부터 북쪽의 툰드라까지, 동쪽의 만주 삼림에서부터 서쪽의 알타이 산맥까지 몽골 제국의 영역이었다.

몽골 초원에서는 더 이상의 살육과 습격은 없었다. 하나로 통일된 제국으로 결속과 화합이 필요했다. 더 이상 동족 간이나 부족 간의 전쟁이 있어서는 안 되는 것이다.

칭기즈칸은 칼둔 성산 근처 오난 강변에서 쿠릴타이를 소집했다. 초원 역사상 가장 크고 성대한 쿠릴타이였다. 새로운 세상을 여는 이 순간에 그동안 전사한 전사들을 위한 기도를 올렸다. 기도의 방법은 각 종교에 따라 달랐지만 떠나간 사람들을 기리는 마음은 한결같았다.

칭기즈칸의 야영지로부터 사방 몇 킬로미터에 걸쳐 게르가 지어졌다. 중심에 말총으로 만든 영기가 서 있었다. 칭기즈칸을 초원의 태양으로 영도하고 새로운 시대를 상징하는 영기였다. 이 영기는 칭기즈칸을 상징하며 미래로 가는 희망의 솟대였다.

칭기즈칸이 이끄는 부족민은 100만 명 정도였고, 가축은 1,500만 내지 2,000만 마리였다. 칭기즈칸은 새로운 제국의 국호를 자신의 부족 이름에서 따온 '예케 몽골 울루스'라 명명했다. '큰 몽골나라'라는 뜻을 담고 있다. 칭기즈칸은 새로운 나라의 백성들을 하나로 통합하는 작업을 개시했다. 각각의 혈통·씨족·부족에 내려오는 세습적인 귀족의 칭호를 모두 없앴다. 새로운 직책과 직급이 정해졌다.

칭기즈칸 자신도 구르칸이나 타양칸 같은 예전의 부족 칭호를 사용하지 않고 칭기즈칸이라는 칭호를 사용했다. 지금까지 우리가 부르고 있는 정식적인 명칭이 이때에 탄생했다. 몽골어에서

친chin은 강하고 단단하며, 흔들림이 없고 두려움이 없다는 의미로 늑대를 가리키는 몽골어 치노chino와 가까웠다. 그래서 지금도 일부에서는 몽골족을 늑대의 후손이라 부르기도 한다.

궁이나 신전 같은 건축물 구조 안에서 이루어지는 통상적인 즉위식과는 달랐다. 칭기즈칸의 즉위식은 광활한 초원지대에서 이루어졌다. 참석자도 수십만 명이었다. 초원에 펼쳐놓은 검은 모전 양탄자 위에 칭기즈칸은 안내되었다. 다른 통치자들의 즉위식에서 거행되는 것과 같이 지도자에게 백성들이 충성을 약속하는

의식은 같았으나 내용에서는 사뭇 달랐다. 몽골인들이 충성하는 것만큼 지도자의 의무 또한 같은 비중으로 강조하는 의식이었다.

몽골인을 대변하는 임무를 맡은 사람이 칭기즈칸에게 큰 소리로 백성의 기쁨을 알림과 동시에 칸의 권능과 백성에 대한 책무를 어겼을 경우를 대비한 말도 하였다.

"칭기즈칸에게 주어진 어떤 권력이든 그것은 하늘로부터 오는 것입니다. 정의롭게 백성을 다스린다면 신이 칭기즈칸의 계획을 축복하고 성사시킬 것이지만, 반대로 권력을 남용하면 비참해질 것입니다."

권력을 부여받는 자리에서 권력을 잘못 사용할 경우에는 비참해질 것이라는 것을 알려주는 의식이 함께 병행되었다. 새로운 세상을 향해 함께 달려가자는 맹세의 자리에서 권력을 주고받는 화합이 이루어졌다.

1206년 칭기즈칸은 새롭게 탄생했다. 칭기즈칸의 부족원들도 새로이 탄생하는 자리였다. 과거의 악습을 과감히 단절하고 새롭게 출발하사는 의미 있고 활기찬 즉위식이었다. 위대한 출발이었다. 세계를 뒤흔드는 거대한 말발굽 소리의 출발점이기도 했다. 몽골 초원에서 이루어진 이 행사가 초원 너머의 정착민들에게는 별로 특별한 일이 아닌 조그만 초원의 축제였을 수 있겠지만 과거와는 달랐다. 인류 역사상 볼 수 없었던 세계 정복의 드라마가 펼쳐지기 직전의 전주곡이었다. 전례가 없던 정복이 이루어지고 최초의 서대한 땅이 한 사람의 명령에 따라 요동치며 길이 없던 곳에 길이 열리고 새로운 교통로가 만들어지는 변화의 시발점이었다. 아무도 예측하지 못했다.

인류 최초의 혁명은 불이 발견되면서 시작되었다. 그다음 혁명이 농업의 시작과 정착이었다. 이곳저곳을 떠돌며 수렵과 채취를 하며 살던 인간들이 정착을 하면서 농업혁명이 일어나고 인류는 크게 발전하기 시작했다. 유목은 정착 이전의 문명이었다. 모든 인류 문명은 정착에서 나온 것들이었다.

우리가 문화재라고 하는 구조물, 집·성 그리고 신전을 비롯해 건축물 안에 걸어둔 장식품 및 가구들 등은 모두 정착민들의 소유물이었다. 문화나 문명이라고 하는 것은 정착의 산물이라 해도 과언이 아니다. 유목민은 정착민들의 입장에서 볼 때 원시적이고 미개한 사람들의 무리이고, 하찮은 존재로 거들떠볼 필요가 없는 한 단계 낮은 사람들이었다.

이곳 몽골 초원에서는 인류 역사의 진화 과정을 뒤집어 놓을 일대 사건이 준비되고 있었다. 진화의 흐름을 뒤바꾸어 놓은 신화 같은 이야기의 출발은 바로 몽골 제국의 탄생과 칭기즈칸에 의해 촉발된 것이었다. 한참 시대적으로 뒤처진 유목민들이 이미 새로운 문명을 만들어 낸 정착민들을 짓밟는 역사의 역류 현상을 겪게 된다. 그 역류의 정상에 칭기즈칸이 있었고, 그를 따르는 몽골의 푸른 군대가 있었다.

몽골의 푸른 전사들은 우수한 개인들이 모여 하나의 꿈을 향해 돌진하는 군대였다. 칭기즈칸이 가고자 하는 길을 푸른 전사들은 거침없이 내달렸다. 칭기즈칸을 믿었고, 그 믿음 뒤에는 보상이 기다리고 있었다. 칭기즈칸부터 말단의 전사에 이르기까지 같은 꿈을 꾸었다.

이동하는 자와 머무는 자의 전쟁

상업의 길을 열어라

"길을 열어라."
칭기즈칸은 정착민들에게 소리쳤다.
유목민들이 물품을 획득하는 방법에는 국가 간에 이루어지는 무역과 상인이 무리를 지어 교역하는 대상隊商, 그리고 무력을 이용한 약탈 등이 있지만 모두 길이 필요한 상황이었다.
그러나 정착민들은 버티면서 끝내 길을 열지 않았다.

몽골 초원을 통일한 칭기즈칸은 결정을 해야 했다. 통일된 초원에 그대로 안착할 것인가, 초원을 넘어 미지의 땅으로 나아갈 것인가. 초원은 조금씩 꿈틀대고 있었다.
초원에는 머물면 죽는다는 법칙이 있었다. 풀을 찾아 이동하면서 가축을 기르고 가축과 함께 살아가는 곳이 초원이다. 외부로부터 물자가 들어오지 않으면 생존할 수 없는 곳이다. 유목이 전부인 초원에서 자체 생산할 수 있는 것이 거의 없어 외부와의 문물이 원활하게 이루어지지 않으면 초원은 안정되지 않았다.

유목민과 정착민은 삶의 방식이 달랐다. 유목민에게는 정착민의 물자가 필요했지만, 정착민은 자체적으로 물자를 생산해 쓰고 있었기 때문에 고기와 우유 정도만 유목민이 생산하는 것을 필요로 했다. 그것도 필수는 아니었기 때문에 무역 불균형이 심각해지기 시작했다.

칭기즈칸은 물건이 빠르게 오고 갈 교통로를 확보해야겠다고 생각하고 행동에 나선 것이다.

교통로를 막아선 것은 정착민들이 살고 있는 이른바 문명국들이었다.

이들 나라들은 몽골 초원에서 강자가 출현하는 것을 항상 경계해왔다. 초원의 부족들이 세를 결집해 쳐들어오면 정착민들이 감당할 수 없을 것이라 생각하고 중무장한 병사들을 이끌고 초원을 침범하기 일수였다. 그들은 몽골 초원으로 들어와 전사들을 죽이고 쓸 만한 여자와 아이들은 끌고 가 노예로 팔아먹었다. 때로는 정착민들의 간교한 술수로 몽골 부족끼리 전쟁을 부추기기도 했다. 어느 한쪽 부족이 강해지는 것을 그냥 두지 않았다. 한쪽이 강해지면 약해진 쪽과 동맹을 맺고 강해진 쪽을 공격하였다. 자신들이 임의로 맺은 동맹 관계는 수시로 변하여 믿을 수 없을 정도였다. 간교한 술수로 유목민들을 교란시켰고 참혹하게 살육한 후 돌아갔다.

몽골의 부족들에게 정착민의 군대가 찾아오는 것은 큰 재앙이었다. 정착민 군대가 한 번 지나가면 몽골 초원의 평화는 깨어지고 초원은 피비린내로 뒤덮였다.

칭기즈칸은 몽골 초원을 통일시킨 후 아주 조용하게 그리고 아주 은밀하게 그들을 공격할 준비를 하고 있었다. 정착민의 나라에서는 그들의 변화를 알 수 없었다. 정착민들이 살고 있는 나라에서 보면 몽골 초원은 멀리 떨어진 미개한 나라에 불과해 자신

들의 적이 되지 못한다고 생각했기 때문에 관심 밖이었을 것이다. 이따금 자신들의 변방을 침범하는 도적 정도로 인식했지 존립을 위협하는 강한 군대를 가졌으리라 생각하지 않았다.

몽골 초원의 사람들은 젊은 자식을 노예로 빼앗기고 그들의 생명과 재산을 강탈해간 문명국가를 저주하며 공격 명령을 기다리고 있었다. 유목민에 의해 세계 역사가 새롭게 바뀌는 시간을 예비하고 있었다. 그들의 이름은 푸른 군대였고, 그를 지휘하는 자는 칭기즈칸이었다.

그들은 선진 문명이 야만을 정복해 군림하던 역사의 흐름을 바꾼 것이었다. 그것은 인류 역사상 처음이자 마지막이었다.

칭기즈칸은 몽골 초원을 통일한 후 기존의 씨족 공동체를 해체하고 천호제라는 새로운 통치 시스템을 구축했다. 조상으로부터 물려받았던 전통과 삶의 방법을 바꾸는 대변혁이었다. 핏줄의 혈맹체보다는 조직을 우위에 둔다는 것을 의미했다. 칭기즈칸의 부족민들은 극렬하게 반대했지만 설득과 논쟁 끝에 천호제를 받아들이기로 했다. 시대에 맞는 새로운 조직을 갖추는 것은 야망의 실현을 위해 불가피했다. 칭기즈칸은 모든 조직을 편성하고 과감하게 개혁 작업을 시작했다.

1206년 칭기즈칸으로 추대된 후 자신을 따르는 용맹하기 이를 데 없는 기마군단을 푸른 군대라고 명했다. 이제 초원의 전사들은 모든 준비를 마치고 명령만을 기다리고 있었다.

몽골에서는 인생이 지루할 수가 없었다. 살아남기 위해 피눈물 나는 노력과 인내를 하지만 늘 먹을 것이 부족했다. 먹을 것을 앞에 두면 서로 화살을 겨누고 칼을 휘둘렀다. 뺏고 빼앗기는 것이 일상인 곳이었다.

몽골인은 달팽이처럼 집을 가지고 다니는 종족이었다. 마차 한 대에 집을 포함해 모든 생활 도구를 싣고 다녔다. 단출하기 이를 데 없었다. 풀이 자라는 곳이면 어디든 이동했다. 몽골인들은 죽어 땅에 묻히지만 후손이 다시 찾아올지는 기약할 수 없었다. 살아 있는 동안 이동하는 것은 생활이었고 받아들여야 하는 숙명이었다.

가난과 역경, 그리고 질곡에서 해방되기 위해 푸른 군대는 일사불란한 대열을 만들고 전의를 다지고 있었다.

드디어 진군의 나팔소리가 울렸다. 칭기즈칸의 천둥 같은 호령 한 마디에 푸른 군대는 일제히 전진하기 시작했다. 그리고 칭기즈칸의 발 빠른 전사들에게 정착민의 나라들은 힘없이 무너져 갔다. 푸른 군대가 달려가면 모두가 무릎을 꿇었다. 싸우는 것밖에 모르는 전사들은 이기는 방법을 본능적으로 알고 있었다. 자신들보다 월등하게 좋은 무기와 식량을 가진 정착민의 문명국가는 이들 앞에서 힘없이 쓰러져 갔다.

진군의 나팔소리

몽골족은 전원이 동원되어 싸우는 특수한 조직을 가지고 있었다. 그들은 싸움에서 지면 모든 것을 잃게 된다는 것을 체험으로 알고 있기 때문에 전쟁이 벌어지면 총력전이 된다.

군수물자의 보급은 푸른 군대만 사용하는 독특한 방법이 있었다. 살아있는 말이나 소 같은 가축을 이용해 무기 등을 실어 나르고, 비상시에는 그 가축을 식량으로 사용했다. 두 가지 용도를 가진 가축은 보급물 수송과 식량으로 사용되지만 그 담당은 여성이나 목동 같은 비전투 요원이 맡았다. 그들 모두가 말을 타고 다녔기 때문에 이동이 빨랐다.

아이들도 말과 더불어 아침을 맞이하고 말 잔등을 놀이터 삼아 성장한다. 그들이 자라 칭기즈칸의 전사가 되었고 전쟁 명령이 떨어지자 빠르게 말을 달려 정착민들을 공격한 것이다. 몽골 부족들이 그들을 공격해야 하는 이유가 있었다. 그것은 잊지 못할 증오였다.

광활한 초원은 미지의 땅이었다. 정착민의 기준으로 보면 이곳은 야만인들이 흩어져서 살아가는 땅으로 정착민들이 가끔씩 이곳을 침범해 식량 등을 약탈해 갔다. 그들이 초원 이곳저곳을 돌아다니며 잔인하게 유목민을 학살하는 등 비인간적인 행동을 서슴지 않았다. 원한과 증오는 몽골 부족 가슴에 쌓여있었다.

몽골이 칭기즈칸에 의해 통일되자 칭기즈칸은 군대를 이끌고 그들에게 도전했다. 몽골인을 무시하고 학살을 자행하던 정착민들의 나라 심장부를 향해 돌격을 개시했다. 칭기즈칸의 푸른 군대가 쏜살같이 달려간 첫 번째의 땅은 서하였다.

서하 왕조는 티베트계 유목민인 탕구트족이 감숙, 알라샨, 오르도스 지역에 세운 나라로, 국호는 대하였으나 황하 서쪽에 위치했다 하여 서하라 부른다. 티베트 불교인 라마교를 국교로 삼아 불교 문화가 크게 발달되어 있었다.

1205년 칭기즈칸은 마지막 남은 나이만족을 일거에 격퇴하고 잠시 숨을 고른 후였다. 자신들의 문명을 자랑하며 몽골인을 야만족이라 멸시하던 서하를 향하여 푸른 군대가 공격을 개시했다. 유목민과 정착민의 일대 격돌이 벌어졌다.

서하는 40만에서 50만에 육박하는 막강한 군사력을 가진 국가였기 때문에 칭기즈칸의 푸른 군대는 서하의 변방을 먼저 공격했다. 놀란 서하의 군대는 허둥지둥 방어에 나섰지만 그들은 전멸했다. 푸른 군대는 그들의 가축인 양과 낙타를 빼앗아 사라졌다. 순식간에 일어난 전쟁에서 패한 서하는 자존심이 상했지만 애석하게도 자신들을 공격한 푸른 군대의 정체를 정확하게 알지 못했다.

칭기즈칸의 푸른 군대는 1207년 같은 방법으로 그들을 또다시 공격하여 가축이나 재산을 빼앗아 사라졌다. 소수의 바람 같은 전사들이 대국의 정예 군대를 농락했다. 그때서야 바람같이 나타났다 사라진 전사들이 누구라는 것을 알았지만 때는 늦었다.

결국 민심이 무너져 내린 서하는 몽골에 항복하였고 왕 이안전은 자신의 딸을 칭기즈칸에게 시집보내며 충성을 맹세하였다. 미개하다며 무시하고 우습게 보던 몽골족에게 백기를 들게 된 것이다. 이로써 서하는 동서를 가로지르는 무역로를 칭기즈칸에게 내주어야 했다.

몽골을 오고 가는 상인들에게 세금을 받으며 소위 갑질을 하던 서하는 푸른 군대에게 무릎을 꿇고 자신의 나라를 마음대로 드나들 수 있는 권한을 칭기즈칸에게 넘겨준 것이다. 서하로서는 치욕적이었지만 어쩔 수가 없었다.

인생은 도전이다. 도전을 두려워하는 자는 종국에 멸망한다. 몽골 초원의 칭기즈칸은 모험을 택했고 정착민인 서하는 안정을 선택했었다. 결과는 모험을 두려워하지 않는 칭기즈칸의 승리였다.
'꿈이 있는 사람은 과감하게 그 꿈을 향해 도전하라. 인생은 자신이 하고 싶은 일을 할 때 가장 행복해진다.'

칭기즈칸은 몽골 초원을 통일한 후 안정된 몽골족만의 국가를 만드는 것으로 만족하며 안주할 수도 있었다. 그러나 그는 주저앉지 않았다.

1211년 푸른 군대가 케룰렌 강변에 모였다. 자신들의 선조들을 짐승 사냥하듯 죽이고 그 가족들을 노예로 팔아먹은 금나라에 대한 보복을 해야 한다는 논의가 있었다.

금나라는 몽골고원에 새로운 세력이 형성되는 것을 경계하며 정예 군단을 끌고 와 초원을 짓밟았다. 의심나는 구석이 있으면 잔인하리만큼 몽골인들을 죽이고 학대했다. 짐승을 사냥하듯 몽골인들의 목숨을 하찮게 다루었다. 몽골인들에게 있어서 이들은 두려운 존재였다. 그들은 훈련을 받은 무장 군인이었다.

모든 전쟁 준비를 끝마친 칭기즈칸은 몽골의 원수 금나라를 향하여 거침없이 돌격했다. 서하를 굴복시킨 푸른 군대가 이제 금나라를 향하여 다시 진격한 것이다. 금나라는 대국이었다. 모든 면에서 몽골과는 비교가 되지 않는 나라였다. 특히 그들의 무기는 상당히 진일보한 것으로 이미 요즘의 대포와 비슷한 것을 가지고 있었고 그들의 성은 견고했다. 수치상으로나 규모 면에서 비교가 되지 않았다. 금나라의 재정 또한 칭기즈칸의 나라와는 비교할 수 없는 것이있다. 그러나 칭기즈칸의 푸른 군대는 모는 것을 알고 있었지만 과감하게 공격했다. 증오심을 가슴에 품고 원수를 갚아야 한다는 일념으로 그들은 공격을 개시했다.

초원의 지평선 너머에서 구름처럼 일어나는 뽀얀 먼지는 푸른 군대의 말발굽이 일으키는 것이었다. 폭풍처럼 밀려오는 그 먼지는 점점 금나라 군대 쪽으로 다가오고 있었다. 그 소리는 격렬했고 위협적이며 당당했다.

　푸른 군대의 목표는 이미 정해져 있었다. 위세 당당하던 금나라는 칭기즈칸의 푸른 군대 앞에 너무나 쉽게 무너졌다. 푸른 군대의 공격을 대비해 쳐놓았던 변방의 방어선이 어이없이 무너진 것이다.

　푸른 군대의 선봉대는 요새화되어 있는 만리장성 오사보에 도착하여 몽골에는 존재하지 않는 성을 공격했다.

　파죽지세의 푸른 군대는 다시 천혜의 요새 야호령을 향하여 달려갔다. 이때 칭기즈칸의 대군이 쳐들어온다는 급보를 받은 금나라는 최고 사령관인 완안승유를 야호령으로 보냈다. 40만 정예 군단을 이끌고 야호령으로 달려간 완안승유는 전면전을 치를 준

비를 하고 있었다. 운명의 한판 승부였다. 잠시 후 먼지를 뒤집어
쓴 푸른 군대가 도착했다. 군인의 수나 전력 면에 있어 우위에 있
는 금나라의 병사들과 푸른 군대가 전쟁을 시작했다. 야생 늑대
와 개의 싸움처럼 푸른 군대는 일방적으로 금나라의 군대를 몰아
붙였다.

금나라의 군대는 계속 밀렸다. 더 밀리면 금나라의 수도인 중
도가 위험해진다. 더 이상 물러설 수 없었던 완안승유는 전력의
전부를 회화보에 집결시켜 최후의 결전을 치르기로 결정했다. 그
러나 승리는 칭기즈칸의 푸른 군대였다.

금나라의 완안승유는 40만의 정예 군단을 이끌고 전쟁을 치렀
지만 푸른 군대에게 처참히 무너졌다. 회화보의 패전은 금나라를
공포 분위기로 몰아갔다.

푸른 군대는 적을 한 번에 공격하지 않았다. 서경과 동경을 차
례로 함락시키고 마지막에 금나라의 수도인 중경 공격을 준비하
고 있었디. 그리니 그들은 갑자기 전략을 바꾸이 뒤돌아 바람처
럼 사라졌다. 몽골 군대의 특이한 행동에 금나라는 당황스러웠지
만 사라진 의도를 알 길이 없었다.

나라를 다 빼앗기고 겨우 수도만 남겨놓은 금나라의 궁중에서
는 자중지란이 일어나기 시작했다. 패전에 대한 책임을 두고 치
열하게 싸웠다. 가만히 두어도 무너지게 되어 있었다.

푸른 군대가 갑자기 사라진 다음 해인 1211년과 1213년에 푸른 군대는 다시 나타났다. 그리고 금나라의 수도인 중경의 마지막 보루 거용관을 함락시켰다. 이때 거용관을 함락시킨 장수는 제베였다.

푸른 군대는 자신들이 적들과 싸워 연속적으로 승리하는 것에 스스로 놀라워하였다. 칭기즈칸은 몽골인의 가슴속에 맺혀있던 한과 자신이 꿈꿔왔던 일들을 서슴없이 과감히 실행했다. 그리고 승리하기 시작했다.

서방의 강자 호라즘과 한판

칭기즈칸이 서역 정벌에 나선 것은 무역과 통상이 필요했기 때문이었다. 몽골 초원의 동쪽에는 금나라가 있었고 서쪽에는 호라즘 왕국이 있었다. 두 개의 큰 나라가 길을 막고 있어 통상이 자유롭지 못했다. 칭기즈칸은 먼저 동쪽의 최대 세력이었던 금나라를 굴복시켰지만 서쪽 통로도 필요했던 것이다.

1218년 칭기즈칸은 호라즘 왕국의 술탄 알라알딘 무하마드 2세에게 사절단을 보냈다. 450명이나 되는 대규모 사절단으로 단장은 호라즘 출신 오코나였다. 호라즘은 강력하고 재정이 넉넉한 신생 제국으로, 지금의 이란을 비롯해 중앙아시아 대부분을 장악한 거대한 왕국이었다. 동서양의 무역로인 비단길의 풍요로움을

장악한 호라즘의 술탄 알라알딘 무하마드 2세에게 통상을 요구
하는 칭기즈칸의 메시지를 전달하려 한 것이다.

동쪽을 막아섰던 금나라를 공격해 얻은 금괴를 낙타와 말에 싣
고 칭기즈칸의 교역 사절단이 호라즘의 동쪽 관문인 오트라르 성
에 도착했다. 오트라르 성은 실크로드의 주요 거점으로 호라즘
문명의 상징적인 공간이며 다양한 문명이 오고 가는 교차로였다.

그러나 칭기즈칸의 사절단에게 일이 생겼다. 군사적 요충지이
기도 한 오트라르 성의 총독 이날추크가 사절단을 간첩으로 오
인해 이들을 습격하고 체포해 수백 명을 살해하는 사건이 발생했
다. 금괴도 당연히 몰수당했다. 살아남은 사절단 중 낙타 몰이꾼
한 명이 운 좋게 빠져나와 이 사실을 칭기즈칸에게 보고했다. 칭

기즈칸은 격노했지만 감정을 억누르고, 오인으로 인해 일어난 일로 이해하겠다며 오트라르 성의 총독 이날추크를 처벌하는 선에서 마무리하자는 항의 사절 3명을 보냈다.

그러나 돌아온 술탄의 대답은 끔찍한 도발이었다. 사절단의 책임자 1명을 죽이고 나머지 2명에게는 온갖 모욕을 주고 수염을 불태운 후 칭기즈칸에게 돌려보낸 것이다. 분노가 극에 달한 칭기즈칸은 모자를 벗고 사흘 밤낮을 하늘에 기도한 뒤 군대를 일으켰다. 선택의 여지가 남아 있지 않았다.

페르시아의 역사가인 아타 말릭 주베이니의 기록이다.

"몽골 왕궁에서는 분노의 회오리바람이 불면서 인내와 자비의 눈에 흙이 들어가고, 진노의 불이 사납게 타오르며 그들의 눈엔 눈물이 말랐다. 이제 그 불을 끌 수 있는 것은 오로지 피밖에 없다."

칭기즈칸은 분노로 몸을 떨었다. 그는 중요한 결정을 해야 할 때면 언제나 찾던 성산 부르칸 칼둔 산으로 들어가 기도하며 사흘 밤낮을 보냈다.

"너희가 전쟁을 선택했으니 소원대로 해주겠노라. 하늘이시여, 저들에게 복수할 수 있는 힘을 주소서!"

호라즘의 술탄 알라알딘 무하마드 2세가 떠오르는 몽골을 몰랐을 리가 없었다. 동쪽의 강자인 금나라를 무너뜨릴 정도의 군사 강국인 몽골을 상대로 전쟁을 선포하기는 쉽지 않았을 것이

다. 예나 지금이나 사절단에 대한 기본 원칙이 있었지만 그것을
정면으로 어기며 사절단을 모욕하고 죽인 이유는 무엇일까.

몽골의 역사를 기록한 〈집사〉에는 이렇게 적혀 있다.
"오트라르 성의 이날추크 총독은 술탄의 어머니 사촌으로 가
이르 칸이란 칭호로 불리고 있었다. 호라즘의 영향력 있는 왕족
이었다. 그런데 칭기즈칸의 사절단원 중 이날추크와 과거 안면이
있던 힌두인이 있었다. 이 힌두인은 이날추크 앞에서 칭기즈칸의
위대함을 칭찬하며 평소 하던 습관대로 이날추크의 이름을 쉽게
부르는 등 경솔한 행동으로 이날추크를 예우하지 않았다. 이날추
크는 화가 났다. 이들을 간첩 혐의로 감금한 후 술탄에게 보고했
다. 그러자 술탄이 사절단원들을 살해하고 물건을 빼앗으라고 명
령했다."

한 사람의 실수가 엄청난 전쟁을 불렀고 호라즘은 초토화되는
참극을 맞게 되었다.

칭기즈칸은 술탄에게 편지를 전달했다.
"나는 해 뜨는 나라의 군주이고 그대는 해 지는 나라의 군주다.
서로 우호 조약을 맺고 교역한다면 행복할 수 있는 조건을 충족
시켜 줄 것이다."

칭기즈칸은 여기에 술탄을 수식하는 말로 '그대는 나의 사랑하
는 아들'이라고 적었다. 술탄이 뒤틀릴 만했다. 또한 '나는 해 뜨

는 나라의 군주이고 그대는 해 지는 나라의 군주'라는 부분 역시 도저히 받아들일 수 없었다.

동방의 몽골 제국은 몽골 제국대로, 서방의 호라즘 왕국은 호라즘 왕국대로 적대적 감정이 최고조되면서 전쟁은 터지고 말았다.

칭기즈칸의 몽골 군대는 15만 명 안팎이었고 호라즘의 군대는 약 40만 명 정도였다. 전쟁이 시작되자마자 호라즘의 군대는 무너지기 시작했다. 죽음을 각오한 몽골의 군대와 살 것을 먼저 찾는 호라즘 군대의 승패는 불 보듯 뻔했다. 성을 가지고 첨단 무기를 보유했지만 호라즘의 군대는 하나씩 무너졌다. 마지막 보루인 수도 사마르칸트가 남았지만, 집요한 칭기즈칸의 공격에 견고했던 성이 뚫리자 전의를 상실한 군대는 기강이 무너지고 흩어지면서 호라즘은 궤멸되었다. 전쟁이 시작된 지 불과 5일 만에 사마르칸트는 몽골군의 손아귀에 들어갔다.

칭기즈칸의 사절단을 죽이고 모욕을 주었던 오트라르 성의 이날추크 총독이 칭기즈칸에게 잡혀왔다. 많은 사람이 지켜보는 가운데 펄펄 끓는 은 녹인 물을 눈에 부어 참혹하게 죽였다. 그러자 호라즘의 술탄 알라알딘 무하마드 2세는 어수선한 틈을 타 도망쳤다. 칭기즈칸은 자신이 가장 믿는 제베와 수부타이에게 명령했다.

"세상 끝까지 추적해 잡아 죽여라."

칭기즈칸이 제베와 수부타이에게 내린 이 한마디 명령이 유럽이 찬탈당하는 계기가 되었다. 제베와 수부타이는 충직하게 술탄 알라알딘 무하마드 2세를 쫓아갔다. 이때 술탄을 추적하던 길이 폴란드, 헝가리, 오스트리아, 러시아 등 유럽을 공격하는 데 크게 활용되었다.

최초의 세계 정복자 칭기즈칸의 사망

칭기즈칸이 호라즘을 정벌할 때 서하에 군대를 파병해 줄 것을 요청했지만, 서하는 이를 거절했다. 그러면서 몽골군이 호라즘에 집중하고 있는 틈을 타 몽골의 영토를 공격했다. 칭기즈칸은 이 참에 서하를 완전히 없애버리기로 마음먹었다. 몽골군 18만 명이 그의 명령을 기다리고 있었다. 서하의 재정벌이었다.

출병 준비는 완벽했다. 칭기즈칸은 전쟁에 나서기 전에 훈련을 겸해 사냥을 나갔다. 야생마를 잡는 위험한 사냥이었다. 그는 얼룩밀을 타고 있었는데, 갑자기 달려든 야생마에 놀란 말이 몸을 치켜세우며 뛰어올랐다. 그 충격으로 칭기즈칸은 말에서 떨어지고 말았다. 엄청난 고통이 밀려오고, 온몸이 끓어오르는 고열로 그는 결국 자리에 눕게 되었다.

몸은 이미 예전 같지 않았다. 이제 다음 세대를 준비해야 할 때가 왔음을 직감했다. 하지만 누구도 먼저 입에 올리기 어려운 문제였다. 그때 신하 예수이가 조심스레 입을 열었다.

"칭기즈칸의 나라를 누구에게 맡기시겠습니까?"

예수이의 말에 칭기즈칸은 잠시 말을 잇지 못했다. 구체적으로 정해 둔 사람이 없었기 때문이다. 예수이가 다시 말했다.

"네 분의 걸출한 아드님 가운데 누구를 지정하시겠습니까?"

모두의 시선이 칭기즈칸에게 쏠렸다. 몽골 제국의 앞날이 달린 중대한 문제였지만 지금까지는 서로 눈치만 볼 뿐이었다. 결단의 시간이 다가오고 있음을 모두가 알고 있었다.

"선대로부터 이어온 나라가 아니라서 내가 잊고 있었다."

이 나라는 아버지로부터 물려받은 칸의 자리가 아니라 스스로 세운 나라였다. 칭기즈칸은 다시 입을 열었다.

"내 맏아들은 주치다."

칭기즈칸이 주치를 바라보며 말했다.

"네 생각을 말해봐라."

주치가 머뭇거리고 있을 때 차남 차가테이가 말을 가로챘다.

"주치에게 말해보라고 하는 것은 주치에게 나라를 통치하라는 뜻이 아닙니까. 어떻게 메르키트의 잡놈에게 나라를 통치하게 하시려 하십니까?"

모두가 예상치 못한 사태였다. 드러내놓고 할 말이 아니었다. 주치에 대해 '메르키트의 잡놈'이라고 한 것은 아버지에 대한 저항이자 어머니에 대한 모욕이었다.

차가테이의 말을 들은 주치는 분을 참지 못하고 일어나 소리치며 차가테이에게 다가갔다.

"아버지께서 나에 대해 달리 말씀하신 적이 없다. 네가 어떻게 나를 차별할 수 있느냐?"

주치는 차가테이의 멱살을 잡으며 다시 말했다.

"네가 나보다 나은 것이 무엇이냐. 너는 단지 괴팍스러울 뿐이다."

언쟁은 곧 몸싸움으로 번질 기세였다. 칭기즈칸은 말없이 두 아들을 바라보고 있었다. 보르오초가 주치의 팔을 잡고, 모칼리가 차가테이의 팔을 잡아끌어 둘을 떼어놓았다. 그러나 둘의 분노는 쉽게 가라앉지 않았다.

긴 침묵 끝에 칭기즈칸이 입을 열었다.

"차가테이야, 너는 형 주치에게 왜 그렇게 막말을 하느냐. 앞으로는 그렇게 말하지 말아라."

칭기즈칸의 말에 차가테이는 한풀 꺾인 목소리로 대답했다.

"앞으로 형 주치의 능력에 반박하지 않겠습니다. 저는 우리 둘보다는 성격이 온화한 셋째 어거데이를 추천합니다."

주치를 인정할 수 없었던 차가테이는 셋째를 후계자로 내세울 것을 제안했다. 칭기즈칸이 주치를 바라보며 다시 물었다.

"주치, 너의 생각은 어떠냐?"

"저도 어거데이라면 찬성입니다."

주치도 어거데이를 지지했다. 칭기즈칸은 이번엔 어거데이를 향해 말했다.

"네 생각은 어떠냐? 말해 보거라."

어거데이는 차분히 대답했다.

"아버지께서 저에게 자리를 물려주신다면 최선을 다하겠습니다."

칭기즈칸은 맏아들 주치와 둘째 차가테이에게 단호히 말했다.

"주치와 차가테이는 약속한 것을 지켜라. 백성들에게 비웃음 당하지 않도록 반드시 지켜라."

그리고 막내에게도 물었다.

"네 생각은 어떠냐?"

"저는 아버지께서 지명하신 형님 곁에 있겠습니다. 그리고 더 넓은 영토를 차지하기 위해 멀리 원정을 나가겠습니다."

이로써 차기 대권은 셋째 어거데이로 결정되었다. 주치와 차가테이의 반목 끝에 내려진 결론이었다.

대권 후계가 확정되자 칭기즈칸은 다시 명령했다.

"서하를 정복하라!"

형제들의 다툼을 잠재우기 위한 조치이기도 했다. 결국 서하는 정복되었지만, 전쟁 중 칭기즈칸은 목숨을 잃었다. 한 시대의 영웅이 전장에서 생을 마감했으나 네 아들의 정복 전쟁은 계속되었다. 몽골의 푸른 군대는 자신들을 배신한 서하의 군신들과 수많은 백성들을 처참히 도륙하며 승리를 거두었다.

대륙의 동쪽 끝에서 서쪽까지 인류 역사상 가장 광대한 영토를 차지했다. 한 개인이 지배할 수 있는 국토가 얼마나 넓을 수 있는지 놀라울 따름이다. 칭기즈칸은 하나의 계단을 오르면 다시 새로운 목표가 생겼다. 대륙을 끊임없이 정복하며 지금까지의 역사를 뒤엎고 새로운 세상을 만들어갔다. 그것은 놀라운 광경이었다.

야만이라며 무시받던 몽골 제국은 한 사람의 지도자에 의해 강하고 위대한 나라로 거듭났다. 1227년 8월, 칭기즈칸은 세상을 떠났다. 향년 65세였다. 그는 정착지가 아닌 이동 천막인 게르에서 죽음을 맞이했고, 고향 어딘가에 묻혔다.

전투로 하루를 시작해 전투 중에 해가 저물었다. 전쟁 속에서 사랑하고, 아이가 태어나고, 성장하며, 다시 전장에서 생을 마감하는 것이 몽골인들의 일상이었다. 칭기즈칸뿐만이 아니라 몽골 제국의 백성들 모두가 그러했다.

칭기즈칸은 결국 한 인간으로서 생을 마쳤지만, 전쟁에 몰입해 이룬 결과는 실로 경이로웠다. 강대한 군사력을 자랑하던 나라들이 소수의 몽골 푸른 전사들에게 무너졌다. 더 앞선 문화를 지닌 나라들이 활과 말을 주 무기로 삼은 몽골군 앞에 패배했다. 인간의 집중과 몰입이 얼마나 위대한 성취를 낳을 수 있는지를 보여주는 가장 최고의 사례가 바로 칭기즈칸의 몽골 제국이었다.

몽골 제국의 성립

몽골 제국의 성립

인류 최초의 거대 제국이 탄생하다

칭기즈칸이 몽골 초원을 통일하며 타타르족을 공격할 때였다. 이곳 사람들이 사용하는 물건 중에는 몽골인으로서는 상상하지 못한 신기술로 만들어진 상품들이 많았다. 정착민들만이 가질 듯한 진귀한 물건을 이곳 사람들은 넉넉히 사용하고 있었다. 그런데 그 물건들은 타타르족이 만든 것이 아니라, 스스로 문명국이라 자처하는 나라에서 들어온 것이었다. 몽골인들은 깊은 문화적 충격을 받았다.

이때부터 칭기즈칸은 풍요로움과 새로운 물품에 대한 동경을 품게 되었다. 지금 이곳에서 보는 일부의 물건만으로도 충격이 이 정도인데, 국경 너머 높은 성을 쌓고 사는 선진국 사람들은 얼마나 많은 재물과 진귀한 물건을 사용하며 풍요로운 삶을 살고 있을까. 생각할수록 그의 궁금증은 더욱 깊어졌다.

칭기즈칸에게는 두 가지 과제가 있었다. 하나는 원수를 갚는 일이고, 또 하나는 초원의 부족에게 필요한 생필품을 확보하는 일이었다. 생산기지가 없는 몽골인들은 필요한 물품을 정착민으로부터 사와야만 했다. 상인들이 자유롭게 오고 갈 수 있는 길이 있어야 초원의 물건을 팔고 정착민들의 상품을 살 수 있다. 그러나 이 교역을 가로막는 나라가 있었다. 이 문제를 해결하려면 전쟁 외에는 길이 없었다.

먼저 몽골을 인간 이하로 취급하며 약탈하고 평화를 빼앗은 정착민들에게 도전장을 던졌다. 문명국이 몽골에 들어와 가축과 사냥한 짐승을 사들이고 진기한 물건을 팔며 무역로를 장악하고 있던 서하가 첫 공격 목표였다. 서하는 금나라와 남송과 함께 동아시아의 강자로, 정예군만 50만 명에 이를 정도로 막강한 군사력을 지닌 문명국이었다. 이에 비해 몽골군은 10만 명 남짓으로 사실상 비교가 되지 않는 전투를 시작했다.

초원의 미개한 유목민이라는 비아냥을 듣던 몽골의 수장 칭기즈칸은 정착민의 나라인 서하를 향해 진군을 명령했다. 충성심으로 똘똘 뭉친 푸른 군대는 칭기즈칸의 지휘에 따라 말을 몰아 적을 향해 돌진했다. 성을 쌓지 않는 유목민과 성을 쌓고 사는 정착민 사이의 일대 격전이 벌어졌다.

때는 1205년이었다. 칭기즈칸은 푸른 군대를 향해 단호하고 준엄한 목소리로 공격을 명령했다. 그가 가리킨 곳은 서하의 변방이었다. 미개한 집단과 문명국을 자처하는 집단의 첫 접전이었다. 전쟁의 결과는 예상 밖이었다. 서하는 몽골의 푸른 군대에게 참패했다. 우습게 여기던 몽골의 푸른 군대에게 처참히 무너졌다. 그러나 몽골의 전사들은 이곳에 머무르지 않고 엄청난 양의 전리품과 낙타 등의 가축을 빼앗아 홀연히 몽골 초원으로 돌아갔다.

문명국을 향한 첫 도전은 야만인이라 업신여기던 몽골족의 일방적 승리였다. 전면전을 벌이기에는 몽골군의 수가 너무 적었기에, 이는 문명국의 실체를 탐색하려는 성격이 강한 전쟁이었다.

몽골의 푸른 군대는 1207년 다시 서하를 공격했다. 서하의 군대는 나름 최선을 다해 준비하고 방어했지만, 몽골 전사들에게 다시 무릎을 꿇었다. 참혹한 패배였다. 이번에도 몽골 전사들은

땅을 점령하지 않고 전리품을 챙긴 뒤 고향으로 돌아갔다.

1209년에도 같은 방법으로 또다시 서하를 기습 공격하여 크게 승리하였다. 서하의 군대는 몽골의 푸른 군대를 당할 길이 없었다.

몇 차례 전쟁에서 패한 서하는 1210년, 자신들이 가지고 있던 기득권을 내려놓고 동서무역로를 푸른 군대에게 내준다는 서약서에 서명하였다. 문명국으로부터 들어오는 무역로를 확보한 몽골 제국은 다시 새로운 목표를 정하게 되었다.

이듬해인 1211년, 칭기즈칸은 새로운 명령을 내렸다.
"우리의 푸른 군대는 금나라를 향하여 진격할 것이다."

금나라는 그동안 수시로 군대를 보내 몽골족의 젊은 남자를 보이는 대로 잡아 죽이거나 씨를 말리려는 장정제거정책을 펴왔다. 이른바 '멸정滅丁 정책'이었다.

카불 칸은 몽골의 초대 칸이자 칭기즈칸의 증조부였다. 그는 후계자로 자신의 아들이 아닌 사촌형 암바가이를 지명했다. 몽골의 2대 칸이 된 암바가이는 타타르족과 혼인 동맹을 맺고 돌아오던 길에 타타르족의 배신으로 금나라에 넘겨졌다. 금나라는 그를 나무로 만든 노새에 매달고 손발에 못을 박아 처형했다.

이후에도 금나라는 몽골을 끊임없이 괴롭혔다. 칭기즈칸과 몽골인들은 금나라의 잔혹한 행위에 분노했고, 조상 대대로 이어진 원한을 되갚기 위해 이를 갈았다. 칭기즈칸은 산에 올라 제사를 지내며 영원한 하늘의 권능으로 복수할 수 있도록 신에게 간절히 기도했다.

"신이여! 복수할 수 있는 힘을 주소서."

금나라는 1115년, 여진족 완안부의 수장 아골타가 지금의 만주 지역에서 일어나 창건한 나라였다. 강력한 기마군을 앞세워 중원의 송나라 수도 개봉을 점령하고 황제와 황족, 관료들을 포로로 잡았다. 남쪽으로 쫓겨난 송나라의 잔존 세력은 강남에 남송을 세워 저항했지만, 점차 세력이 커진 금나라는 남송을 경계하면서도 북방의 몽골까지 침략했다. 금나라는 아예 군대를 이끌고 몽골 초원으로 쳐들어와 백성들을 학살했고, 결국 몽골족은 울분을 삭이며 금나라에 복속될 수밖에 없었다. 그러나 그들의 가슴속에는 '멸금滅金'의 복수심이 타올랐다.

칭기즈칸의 금나라 정벌은 묵은 원한을 풀기 위한 전쟁이자, 신흥 몽골국의 발전을 위해 반드시 넘어야 할 장애물을 없애려는 전쟁이었다. 비단으로 상징되는 금나라의 호사스러운 문화는 푸른 군대의 칼과 학살에 의해 갈기갈기 찢겼다. 난공불락이라던 오사보도 결국 몽골군에 함락됐다. 이 공격의 선봉에는 제베가 있었다. 그는 칭기즈칸의 명령을 신의 명령처럼 받드는 장수였다.

몽골 부족은 글자가 없었고, 무엇보다 가난하여 오랜 세월 억압을 받으며 살아왔다. 그들은 살아남기 위해 전쟁을 시작했고, 그 전쟁은 자신들을 짓밟고 괴롭힌 문명국의 성 안 무리를 향했다.

더 큰 세상으로 진격하는 몽골의 전사들

칭기즈칸의 전쟁은 복수의 전쟁이었고 굶주림에서 탈출하기 위한 전쟁이었다. 전쟁에서 승리한 그는 다시 꿈을 키워 세계 정복이라는 어마어마한 그림을 그렸다. 그리고 이제 자신이 그린 그림처럼 세계 정복의 길에 나섰다.

몽골의 전사들은 넓은 땅을 점령한 후 그것들을 묶어 하나로 만들기 시작했다. 몽골 제국의 탄생이었다.

후대, 주변 민족들의 역사에는 대부분 칭기즈칸이 약탈자로 그려져 있지만 광활한 제국이 150년 넘게 유지된 나라임을 기억해야 한다. 약탈자만으로는 설명될 수 없는 놀라운 통치술이 있었기 때문에 가능했다. 칭기즈칸은 선대로부터 내려오던 오랜 내전을 종식하고 몽골 초원을 통일한 다음 바깥세상으로 달려 나갔다. 푸른 전사들의 말발굽소리가 진동할 때마다 문명국가라 자처하던 나라들이 하나둘씩 무너져갔다.

강력한 힘을 동반한 푸른 군대는 바람처럼 왔다가 바람처럼 지나갔지만 그들이 지나간 자리는 삭막했고 정착민들은 푸른 군대의 지배 아래 있어야 했다. 푸른 군대는 분명 무모했다. 그러나 그 무모함을 극복할 수 있었던 것은 신념과 결속이었다. 믿음이 있으면 성공 확률이 한층 높아진다는 것을 증명해낸 것이다.

칭기즈칸은 탄생 때부터 숱한 죽음의 위험을 겪으며 살아야 하는 운명이었지만 그는 모든 것을 극복하고 몽골고원에 우뚝 선 영웅이 된 것이다. 그 당시 지구상의 문명은 이슬람 문명과 중국 문명이 세상을 지배하고 있을 때였다. 유럽은 아직 대적할 존재가 되지 않았다. 두 개의 문명은 서로 경쟁하며 각각의 독창성을 내세우고 있었다.

미개하다는 몽골의 한 종족이 진 세계에 자신의 의지를 완벽하게 발휘한 것이다. 칭기즈칸과 그의 후손들은 유라시아 대륙에 광대한 자유무역지대를 만들었고 동서양 문명의 연결을 강화했다. 그들은 인터넷이 발명되기 이미 7세기 전에 세계를 연결하는 거미줄 같은 연결망을 구축한 것이다. 그는 사람과 기술을 이동시키며 멀고 먼 세계를 좁게 만든 인물이었다.

정착민의 군대에 비하면 너무나 빈약한 소수의 군대로 태평양에서 지중해까지 동서 9,000km의 유라시아 제국을 점령하고 후대 150년 동안 넓은 영토를 지배할 수 있게 기초를 닦아준 지도자는 몽골 제국의 칭기즈칸이었다. 그는 선대로부터 내려오던 오랜 내전을 종식하고 수십 개의 부족민들에게 평온한 삶을 보장해주었으며 자유무역시대의 활로를 열어 글로벌 국가 체제를 완성하는 계기를 마련했다.

칭기즈칸은 다민족·다종교를 인정하는 큰 국가를 건설하였고, 철저하게 법치에 원칙을 두고 나라를 다스린 위대한 통치자이자 경영자였다. 칭기즈칸은 믿음과 의리로 형성된 관계를 소중히 여기는 지도자였다. 그는 천민 출신과 전쟁 고아 등 불우한 환경을 극복한 주변 인물들을 측근으로 삼아 가족처럼 대했다. 칭기즈칸이 광활한 대륙을 평정할 수 있었던 것은 상대편이었던 적에게도 늘 진심으로 대해주면서 자기편 사람으로 돌아오게 만들었기 때문이다. 또한 그는 항상 도전적이고 혁명적인 사고를 멈추지 않았으며 새로운 것을 받아들였다.

칭기즈칸의 사고는 언제나 흐르는 물이었고 호수처럼 고인 물이 되는 것을 거부했다. 또한 그는 마지막까지 텃새가 아니라 철새였던 것이다.

'닫힌 사회는 망하고 열린 사회는 영원하리라.'

유목민인 칭기즈칸에게 정착민으로 살아야 한다는 것은 죽음을 의미했다. 그는 끊임없이 이동하면서 새로운 문화를 만나고 자신들의 문화를 만들어갔다. 고인 물은 썩는다는 믿음을 가지고 있는 사람이었다. 칭기즈칸은 태어나서 죽을 때까지 유목민의 습성을 버리지 않았다. 제국의 강자가 되었음에도 성을 쌓지 않았고 머무르지도 않았다. 달리는 말에 채찍을 가하며 천하를 지배하고자 했던 인물이었다.

칭기즈칸이 살던 몽골의 초원은 인간이 살아가기에 혹독한 조건으로, 생존해있음을 다행으로 여겨야 할 만큼 견디기 힘든 곳이었다. 살아 있는 것조차 힘든 상황에서 몽골의 부족들은 자신들끼리 싸우고 약탈했다. 악순환이 계속되었다. 이것을 단칼에 끊어버린 인물이 칭기즈칸이었다.

세상에서 가장 높은 산은 내 마음 안에 있는 산

몽골 초원은 일 년 중 아홉 달이 겨울이라고 흔히 말한다. 겨울이 지나면 세 달이 여름이라는 뜻이다. 봄은 그냥 스쳐 지나가고 곧바로 여름이 찾아온다. 여름이 되면 초원에는 꽃이 피고 벌과 나비가 날아다닌다. 이 짧은 생명의 시기, 단 3개월 동안 모든 것을 준비해야 한다. 몽골 초원의 생명들은 힘겹지만 부지런히 생을 이어가고 있었다.

몽골의 가축들은 보통 3월에서 5월 사이에 새끼를 낳는다. 한 겨울을 지내는 동안 가축들은 몸이 바싹 마른다. 짧은 여름이 오면 초원의 풀들이 사라져버리기 전에 필사적으로 풀을 먹어 살을 찌운다. 그래야 다가올 긴 겨울을 견딜 수 있기 때문이다. 몽골에서는 봄에서 가을까지 가축을 가급적 도살하지 않았다. 가축들이 새끼에게 젖을 먹여야 했기 때문이다.

농사가 거의 불가능한 땅에서 몽골 부족들은 늘 먹을 것이 부족해 항상 배가 고팠다. 몽골의 부족들이 굶주림을 해결하기 위해 선택한 것은 사냥과 전쟁이었다. 야생 동물을 잡지 못하면 굶어야 했고, 전쟁에서 이기지 못하면 죽거나 노예가 되어야 했다. 전쟁에서 지면 개보다 못한 삶을 살아야 했다.

전쟁에서 몽골 부족들은 치열하게 싸웠다. 뒤로 물러설 곳이 없었기 때문이다. 몽골인들은 남녀노소를 불문하고 모두 말을 타고, 칼을 쓰고, 활을 쏠 줄 알았다. 그들의 일상은 전쟁에 맞추어져 있었다. 어른과 아이 할 것 없이, 남자와 여자 할 것 없이 말을 타고 무기를 다루는 법을 익혔다.

몽골 부족들은 전장에서 도망치지 않았고 지휘관의 신호 없이는 후퇴하지도 않았다. 후퇴는 곧 죽음을 뜻한다는 것을 알았기 때문이다. 정착민들은 전장에서 도망쳐 나와 사람이 사는 도시에 숨어 살 수 있지만, 몽골 부족은 전장에서 도망쳐 초원으로 돌아가더라도 뻥 뚫린 초원에서 자신을 숨길 은신처가 없었다. 무엇보다 먹고살 길이 막막했다. 그래서 그들은 후퇴하지 않고 끝까지 싸워 승리를 이끌어냈다.

이런 척박한 땅에서 태어나 세상의 중심인 몽골 제국을 건설한 사람이 바로 칭기즈칸이었다. 칭기즈칸이 몽골의 칸이 되자 세계 전쟁이 시작되었고, 그 전쟁에서 승리하자마자 세상의 값지고 귀한 것들이 칭기즈칸이 있는 곳으로 몰려들었다. 늘 성황이었고, 몽골은 번창하며 모든 것의 중심이 되었다.

몽골 제국이 성공할 수 있었던 것은 자신을 믿고 자신을 끝없이 혁신의 길로 몰고 간 칭기즈칸의 능력이었다. 그는 "자신을 사랑한 자만이 세상에서 당당하게 살아갈 수 있다. 자신을 사랑하는 일은 나를 위한 것만이 아니라 주위를 행복하게 만드는 일이다."라고 말했다.

칭기즈칸을 위대하게 만든 힘은 자기 절제였다. 그는 자만심과 분노를 극복하는 것이 가장 중요하다고 보았다. 자만심을 누르는 것은 숲 속의 호랑이와 싸워 이기는 것보다 어렵고, 분노를 이기는 것은 가장 힘센 장사를 이기는 것보다 어렵다고 했다. 그래서 부하들에게도 절대 자신이 가장 강하거나 가장 똑똑하다고 생각하지 말라고 당부했다.

칭기즈칸은 말이 많은 것을 극히 꺼렸다. 언어에 대한 경계를 여러 차례 강조하며 지도자는 말이 아니라 행동으로 자신의 생각과 의지를 보여야 한다고 말했다.

"지도자는 백성이 행복하기 전에는 결코 행복할 수가 없다. 목표에 대한 전망이 없으면 다른 사람의 삶은 물론 자신의 삶도 경영할 수가 없다."

이것이 칭기즈칸이 평생 마음에 품고 실행해온 철학이었다. 미래에 대한 전망이 없으면 사람은 주저앉게 된다. 동기부여는 지도자가 맡아야 할 중요한 역할이었다. 사람들에게 신바람 나게 무언가를 열심히 하고 싶게 만드는 동기를 주는 일, 그것이 지도자의 가장 큰 책무였다. 동기를 유발하지 못하는 지도자가 이끄는 공동체는 곧 도태한다. 자발적이고 능동적인 힘은 비전을 믿는 사람들에게서만 나오는 신명이다. 역경을 두려워하지 않고 도전을 기꺼이 받아들이며 앞으로 전진하려는 마음이 결국 하나의 거대한 폭풍이 되었다.

푸른 군대는 문명과 비문명의 경계를 넘어 세상을 뒤집었다. 고정관념은 칭기즈칸에게 중요하지 않았다. 늘 이동하는 유목민의 기질처럼 모든 문화와 문명은 칭기즈칸에 이르러 변화했고 살아 움직였다. 한 단계 성숙된 체계로 꿈틀대는 역동의 세상을 만들어낸 칭기즈칸은 분명 민중을 꿈꾸게 만든 능력자였다.

문명과 야만, 정착과 이동, 안착과 도전

긍정의 텃밭을 자신의 가슴에 두어라. 그곳에서 성공의 씨앗이 발아하리라.

칭기즈칸의 전쟁은 문명과 야만, 정착과 이동, 안착한 자와 도전하는 자의 싸움이었다. 세상의 재물을 거머쥔 정착민 집단과 가축을 기르며 겨우 연명하는 몽골 부족과의 전쟁이었다. 정착해서 평화를 누리고 있는 집단과, 이동하며 부족끼리 싸움을 일삼는, 흔히 야만인이라 부르는 집단과의 전쟁이었다. 평화에 익숙해 전쟁을 원하지 않는 안착 집단과 먹을 것이 부족해 싸움이 일상화된 집단의 도전적인 전쟁이었다. 누가 봐도 강자와 약자의 전쟁이었고, 가진 자와 못 가진 자의 전쟁이었다.

당연히 강자 집단의 문명인이 승리하리라 생각했다. 하지만 결과는 달랐다. 야만적이며 먹을 것이 부족한 집단의 승리였다. 몽골의 전사들은 절박했고 싸움에 능숙했다. 자신들보다 크고 강한 나라를 무너뜨렸다.

러시아도 제물이 되었다. 러시아인에게 몽골군은 두려운 존재였다. 러시아인들이 몽골 부족을 보고 적은 기록이 있다.

"그들의 가슴은 단단하고 강건하다. 얼굴은 홀쭉하고 창백하다. 높은 어깨는 뻣뻣하다. 짧은 코는 일그러졌다. 턱은 뾰족하게 튀어나왔다. 위턱은 툭 튀어나와 아래를 덮었다. 치아는 성기고 길다. 눈썹은 머리카락에서부터 코까지 뻗어 있다. 눈은 검고 불안해 보인다. 얼굴은 딱딱하게 굳어 있다. 앙상한 손은 자꾸 움직인다. 다리는 굵지만 아래는 짧다……

그들은 창, 곤봉, 도끼, 검을 사용했으며……

굽힘 없이 싸웠다. 그러나 그들의 주된 무기는 활이었다. 만약 그들을 붙잡아도 그들은 결코 자비를 구하지 않았으며, 그들 자신도 정복당한 자들을 봐주지 않았다……

세계를 그들의 지배하에 두는 것이 그들의 의도이자 확고한 목적이었다."

어디에도 몽골군의 기품이나 위엄이 느껴지는 부분이 없다. 전체적으로 보면 초라한 모습으로 느껴지기까지 한다. 그러나 그들은 왜 강했는가. 그 이유는 다음 문장이었다.

'굽힘 없이 싸웠다… 만약 그들을 붙잡아도 그들은 결코 자비를 구하지 않았다.'라는 부분이다. 오직 싸우기 위해 훈련된 로봇처럼 몽골군은 전쟁에 임했고, 잡히면 능력이 다해 잡힌 만큼 자신의 임무를 다했으므로 죽음을 기다렸다. 목숨을 구걸하지 않았다. 그야말로 전사의 표본이었다. 싸움으로 모든 것을 보여주고 패하면 죽음을 달게 받는 싸움꾼의 모습이었다.

세상에서 가장 무서운 싸움꾼은 죽음을 두려워하지 않는 싸움꾼이다. 죽기 살기로 덤비는 적에게서는 두려움이 느껴진다. 상대가 두려우면 전의를 상실하게 된다. 보잘것없어 보였지만 몽골군에게는 죽음을 두려워하지 않을 만큼 싸움에 몰입했고, 기죽지 않는 야수와 같은 모습에 적은 질렸다. 몽골의 푸른 군대는 싸워서 이겨야 한다는 의식만 존재할 뿐 전의를 잃어버리지는 않았다.

러시아의 어느 목격자의 기록처럼 몽골의 병사는 왜소해 보일 정도로 남에게 내놓을 만한 것이 없었다. 그럼에도 고난을 극복하려는 의지가 승리를 이끌어냈다. 병사에게 당장 두려운 것은 죽음이다. 죽음을 극복할 만큼의 큰 고난은 없다. 그러나 몽골군은 죽음을 두려워하지 않고 오직 싸우기 위해 태어난 것처럼 싸웠다. 누구도 당해내기 어려웠다. 결국은 두려움 없는 자세가 승리를 이끌어냈다.

인류 역사에서 볼 수 없는 몽골의 세계 정복은 어떻게 해서 가능했을까. 몽골 부족만의 아주 특별한 무엇이 있어서였을까. 첫 번째 답은 칭기즈칸이라는 위대한 몽골의 지도자에게서 찾을 수 있고, 두 번째로는 칭기즈칸을 따르고 칭기즈칸의 지시에 깃발을 높이 들고 달려나간 몽골의 푸른 전사들에게서 답을 찾을 수 있다.

칭기즈칸의 특별한 면은 지금까지 이야기해왔기 때문에 더 이상 하지 않기로 하자. 그렇다면 칭기즈칸의 목표를 자신들의 목표와 동일시하며 목숨을 걸고 전장으로 달려나간 이유는 무엇일까.

칭기즈칸이 세계 정복을 한마디로 요약하면 '꿈'이라 할 수 있다. 꿈은 긍정적인 사람이 갖는 특질特質이다. 꿈을 잃어버리면 무너진다. 칭기즈칸은 긍정의 바탕 위에서 출발했고 조직원에게도 같은 꿈을 꾸도록 설득하는 능력을 가졌다. 위에서부터 아래까지 같은 방향을 바라보고 성공으로 가는 길을 택했다면 이미 절반은 꿈을 이루었다고 해도 지나치지 않다.

다음으로는 칭기즈칸의 군대는 전장의 안팎에서 죽음, 부상, 패배에 대하여 말하는 것이 금지되어 있었다. 생각만 해도 나쁜 일이 일어날 수 있다고 생각한 푸른 전사들은 심지어 죽은 동지나 전사의 이름을 언급하는 것도 중대한 금기 사항이었다.

모든 몽골 전사는 불사신이며, 누구도 자신을 이기거나 해칠 수 없다고 생각했다. 교육을 통해 무슨 일이 있어도 자신은 죽을 수 없다고 생각하게 만들었다. 긍정적인 분위기는 몽골의 푸른 군대들을 따라다녔다. 이미지를 만드는 작업에도 열중했다. 일부러 몽골의 푸른 전사들은 영원히 죽지 않는 불사조라는 말을 세상에 퍼뜨렸다.

칭기즈칸은 어떠한 자연현상과 징조를 자기에게 유리하게 해석했다. 칭기즈칸의 사고는 긍정이라는 기본이 바탕에 깔려있었고 그의 군대는 늘 사기충천해 있었다.

같은 것이라도 조금 바꾸고 손질하면 느낌이 달라지고 전혀 다른 특성을 만들어내기도 한다. 그러나 몽골의 푸른 군대도 인간 집단이기 때문에 지금의 우리와 특별히 다른 특성을 가진 것은 사실 별로 많지 않다. 다른 특성이 그들의 장점이라고 이야기하기엔 무언가 석연치 않다. 아마도 몽골의 푸른 전사들은 자신을 강한 존재라고 스스로 인정하는 것에서 큰 힘을 얻었을 것이다.

천년의 리더십, 천년의 정복자

믿을 수 없는 일이 벌어졌다. 인류 역사에서 한 번도 일어난 적이 없었고 다시 일어날 수도 없는 일이었다. 한 개인이 일어나서 놀라운 일을 만들어 낸 것이다. 조직이 잘 갖추어진 국가의 임용 제도나 공개 모집에 합격하여 능력을 인정받아 진급한 것이 아니었다. 단신單身으로 죽고 죽이는 현장에서 살아남아 조직을 만들고 주변 조직 간의 다툼에서 살아남았다. 싸우고 싸워서 최종 승자가 된 것이다. 강자만이 살아남을 수 있는 초원에서 우뚝 섰다. 그가 칭기즈칸이었다.

칭기즈칸은 초원의 칸이 된 후에도 한 곳에 머무르지 않고 다시 도전을 시작했다. 열려진 세계를 향해 진군의 나팔을 울렸다. 원대한 출발의 소리였다. 주위의 문명국들은 초원이 통일된 것을 모르고 있었다. 아니 초원에서 벌어지는 전쟁과 통일에 관심이 없었다. 칼과 활이 전부인 한 수 아래의 미개인들의 일이었기 때문이다.

이 무렵 한 발 앞선 문명국은 성을 쌓아 외침을 막고 큰 돌을 쏘아 날릴 수 있는 지금의 대포 같은 '거석기'라는 무기도 가지고 있을 정도이니 초원에서 일어나는 일 따위에 관심을 두거나 두려워하지 않았을 것이다. 그냥 거칠게 살아가는 흉폭한 야만인일 뿐이었다.

초원을 통일한 칭기즈칸은 몽골 전사들의 마음을 읽고 있었다. 갑자기 초원에 쳐들어와 젊은 청년들을 죽이고 아녀자들을 끌고 갔으며 초원의 전사들이 뭉치지 못하도록 이간질을 했다. 초원의 원수들은 성 안에 있었다. 정착민들은 초원을 그리워하거나 선망하지 않았다. 그들은 성 밖에 사는 가난한 사람들이 힘들게 살아가는 모습을 보며 이따금씩 힘의 강도를 시험하는 정도의 대상이었다.

칭기즈칸은 초원을 통일하고 초원의 전사들을 살폈다. 가슴 속에 터질 듯한 활화산을 품고 밖으로 달려나가고 싶어 하는 마음을 읽었다. 기회만 주어지면 달려 나갈 수 있는 전사들이었다. 칭기즈칸은 누구에게 글을 배우지 않았다. 문학을 공부한 적이 없다. 무술을 배운 적도 없다. 조직이나 경영에 대해 배운 적이 없다. 어느 누구도 리더십을 가르쳐 주지 않았다. 학교가 있지도 않았다. 학문을 탐구할 기관이나 공간이 없었다. 배우지 못했고 가진 것 없이 성장했다.

칭기즈칸의 위대한 세계 정복과 국가 경영은 칭기즈칸 개인이 만들었다. 어디에서도 만날 수 없는 날것의 리더십이다. 칭기즈칸은 초원을 통일한 후 안주하며 초원의 칸으로 등극하여 편안하게 권력을 누리며 살 수 있었지만 눈을 밖으로 돌렸다. 날것의 리더십임에도 칭기즈칸의 리더십에는 품격이 있고 순서가 있었다.

'첫째 꿈꾸게 하라. 둘째 꿈을 실천할 방법을 찾게 하라. 셋째 행동하게 하라.'

간결하지만 칭기즈칸 리더십은 대담하고 전격적이며 묵중한 리더십이다. 칭기즈칸의 성공을 한 마디로 요약하면 두전과 수용이다. 위대한 도전과 끝없는 수용, 그리고 변화를 추구하는 열린 마음이다.

가진 것 없는 어린 테무진은 들판에서 자고 들판에서 성장하며 거친 야성과 부드러운 상생의 관계를 체험하고 그것을 생의 도구로 삼아 초원의 강자가 되었다.

칭기즈칸이 강자가 되는 과정의 첫 번째는 도전이있다. 척박한 환경에서 목숨 하나 부지하며 그럭저럭 살 수도 있었겠지만, 칭기즈칸은 다른 삶을 선택했다. 도전이었다. 위험하지만 큰 꿈을 꾸고 그 꿈을 이루기 위해 치열한 삶을 살기로 했다. 세상을 향해 도전의 칼을 들었지만 처절하게 무너지기도 했고, 주저앉기도 했다. 적에게 잡혀 노예가 되었을 때도 꿈을 잃지 않았다. 살아남기 위해 때론 야비할 만큼 자신의 이익을 위해 싸웠다. 하지만 항상 인간에 대한 예의를 잃지 않았다. 물론 자신을 도운 사람에 대한 예의였다.

의지할 언덕조차 없었던 사람이 무리를 만들고 무리에서 추대되어 칸이 되었다. 남과 같이 살아서는 남 이상이 될 수 없음을 칭기즈칸은 일찍 깨달았다. 적에게는 강하고 무서웠지만 동지에게는 부드러운 존재였다. 전쟁에서는 강했고 개인으로서는 부드러웠다.

칭기즈칸은 무엇이 달랐을까. 두 번째는 끝없는 수용이었다. 칭기즈칸은 배우지 못한 것을 채워야 했고, 가지지 못한 것을 가지기 위해 배워야 했다. 세상을 배우기 위해 선택한 것이 수용이었다. 받아들임의 넉넉한 인생관을 가졌다.

몽골의 전사들이 세계를 정복하고 경영할 수 있었던 것은 그들이 가지고 있는 자산을 세상에 펼친 것이 아니라 정착민들이 가지고 있는 좋은 점을 배우고 적용한 결과였다. 수용만이 살길이었다. 굳이 내 생각이 옳아야 할 필요가 없었다.

세 번째는 변화의 추구였다. 쉬지 않고 변화했다. 칭기즈칸은 초원에 성을 쌓지 않았고 자신의 마음에도 성을 쌓지 않았다. 열린 마음으로 몽골의 전사들을 이끌었다. 내 생각이 정답이 아니라는 판단이 서는 순간 더 나은 생각을 만나게 되는 원리를 칭기즈칸은 자신의 삶에 적용시켰다. 자기 혁신이었다. 마음을 열고 자신을 바꾸어야 했다.

무기를 개발하고 조직을 정비하고 필요한 장비를 만들 때 같이 적용했다. 정착민들이 가진 좋은 점을 몽골족에게 적용시켰다. 다름을 인정하고 받아들이는 귀재였다. 내 마음보다 더 큰 세상을 받아들인 열려있는 마음의 소유자였다. 세계를 정복하고 각각의 문화를 인정하며 천하를 다스렸다. 위대한 통치자가 있었고 원대한 세상이 구현되기 시작했다. 놀라운 칭기즈칸의 리더십이었다.

칭기즈칸의 통치술

칭기즈칸의 통치술

기술자를 우대하라

싸울 때마다 진화하는 몽골군

몽골의 푸른 전사들은 적응의 귀재였다. 그들이 가진 것은 말과 활, 그리고 칼이 전부였다. 그들에게는 대포나 전차가 없었다. 머물며 방어할 수 있는 성도 없었다. 당시 첨단 무기로 무장한 문명국가들은 푸른 전사들이 어느 나라 군대인지, 어디에서 왔는지노 보른 채 난순이 밀을 단 사럼들에게 참페를 당했다. 치욕적인 패배였다.

유목민의 푸른 전사와 정착민의 군대가 싸웠다. 두 집단의 싸움은 집에서 사육되는 가축과 야생동물의 싸움 같았다. 적을 먼저 죽이지 못하면 적에게 잡혀 죽는 냉혹한 현실에서 성장한 푸른 전사들에게, 먹고 살찌는 데 길들여진 가축 같은 정착민의 군대는 한낱 실험용 생쥐에 불과했다.

푸른 전사들은 싸울 때마다 진화했다. 이번 전쟁에서 새로운 전쟁 방법을 배우고, 다음 전쟁에서는 그보다 진화한 방법을 활용해 승리했다. 몽골의 힘은 발달한 문명을 전폭적으로 수용하고 그것을 적용해 새로움을 창조한 데 있었다.

푸른 군대는 정착민이 보유한 다양한 기술을 보았다. 새로움에 목말라 있던 푸른 군대에게 신기술은 엄청난 창조의 기회였다. 서하에서 금나라의 신기술 일부를 맛본 푸른 군대는 다음 공격에서 그 기술을 활용해 더 많은 것을 얻어냈다.

당시 유목민에게는 두 가지 기술만 존재했다고 해도 과언이 아니었다. 하나는 동물을 다루는 능력이었다. 유목과 사냥으로 얻은 것을 가공하고 요리하는 기술이 뛰어났다. 또 다른 하나는 전쟁 기술이었다. 몽골인들이 가진 무기는 간소했지만, 전술은 문명국에서 자주 사용하는 느리고 예측 가능한 방식과는 전혀 달랐다. 신출귀몰한 전략이었다. 치고 빠지면 도망가는 줄 알고 적이 추격해온다. 그 순간 말을 타고 달리며 뒤돌아 활을 쏘아 적을 맞히고, 다시 측면을 공격해 큰 피해를 입혔다. 이는 적보다 월등한 말타기 실력이 있었기 때문에 가능했다.

몽골인들의 말타기 기술은 분명 문명국의 병사들과 달랐다. 유목민의 장기였지만, 그것만으로 현대식 무기로 무장한 문명국을 상대해 승리한다는 것은 쉬운 일이 아니었다. 그러나 그들은 승리했다.

승리한 전장에서 칭기즈칸은 선언했다.

"기술자는 죽이지 마라."

정착민의 사고와 유목민인 몽골 푸른 군대의 생각은 달랐다. 정착민에게는 누가 나라를 다스리든 자신이 누리는 정주 생활이 유지되면 그만이었다. 하지만 유목민으로 구성된 몽골 푸른 군대는 개인이 아닌 제국의 군인이었다. 패하면 죽음을 각오해야 했다. 그들에게 전쟁은 사생결단이었다.

전쟁에 이기려면 적보다 빨라야 하고 더 좋은 무기를 가져야 한다. 그러나 전쟁 기술을 독자적으로 개발하려면 막대한 시간과 경비가 필요했다. 그럼에도 불구하고 당장 원하는 결과를 얻기는 어려웠다. 칭기즈칸은 현지에서 얻어야 한다고 판단했다.

그는 기술자를 지나칠 정도로 우대했다. 어느 나라, 어느 지역을 함락하든 기술자만은 죽이지 않고 본국으로 데려갔다. 데려간 이들은 무기 제작자뿐 아니라 목수, 내장장이, 농업기술자, 방직기술자 등 분야가 다양했다.

몽골인들은 문명국의 성을 처음 만났을 때 당황했다. 공격할 묘책을 찾기 쉽지 않았다. 그러나 현지 기술자들을 이용해 돌파구를 열었다. 그들에게서 전수받은 기술로 대포를 만들고, 성 공격에 쓰는 투석기도 제작했다.

칭기즈칸의 군대가 지금의 이란에 위치한 니샤푸르성을 공격할 때는, 몽골 기술지상주의가 만들어낸 무기들의 전시장 같았다. 창을 쏘는 기계 3천 기, '노포'라 불린 대형 화살 발사기 300기, 석유에 불을 붙여 던지는 기계 700대, 성벽을 오르는 긴 사다리 4천 개, 투석기 2천5백 대가 동원되었다.

푸른 군대가 금나라를 침공했을 때 금나라 병사 다수가 투항했다. 투항자 가운데 상당수가 야전 공병대 소속이었다. 푸른 군대는 이들에게서 대포와 원시적 다연장 로켓포인 '비화조' 제조 기술을 얻었다. 이 무기들은 성을 공격할 때마다 결정적인 역할을 했다. 몽골군에게는 생소하고 신기한 것들이었다.

전투가 끝날 때마다 몽골군은 상대진영의 기술자를 골라내 설득하고 자신들의 군에 봉사하게 했다. 칭기즈칸은 공병대를 편성하여 운영했다. 새 땅을 정복할 때마다 기계의 정밀성과 효율은 개선되었다.

칭기즈칸은 매 전투마다 새로운 전력과 적의 기술을 도입해 새로운 무기를 만들어 사용했다. 그는 전쟁을 승리로 이끄는 타고난 전략가이자 정보전의 대가였다. 전쟁을 단순히 시작하고 끝내는 것이 아니라, 전쟁을 통해 항상 새로운 기술을 습득해 다음 승리로 이어갔다. 적의 기술은 곧 몽골의 기술이 되었다.

칭기즈칸은 실용적인 인물이자 현실주의자였다. 명분에 얽매이지 않고 상황에 따라 냉정하게 판단했다. 역동하는 조직을 통해 침체하지 않는 활력을 얻었다.

가만히 생각해 보라. 진정 자신을 사랑하는 사람은 다른 사람을 욕하지 않는다. 나를 가볍게 여기지 않아야 나 자신을 사랑할 수 있다. 세상은 공평하다. 세상이 나를 떠난 것이 아니라 내가 세상을 떠난 것이다. 누군가 나를 욕했다면, 내 안의 어떤 부분이 그를 화나게 한 것이다.

나와 함께 있는 것이 좋고, 나와 함께 사업을 하는 것이 이롭다면 상대가 떠날 리 없다. 결국 나도 모르는 어떤 약점이 상대를 떠나게 한 것이다. 그 약점을 빨리 찾으면 내 주위로 사람들이 찾아온다. 나는 나 자신이 만들어야 한다. 나 이외의 사람이 나를 만들어줄 수 없다. 남들은 그저 조언자일 뿐이다.

속도가 힘이다

이제 칭기즈칸은 속도와의 전쟁을 내부를 다지는 일의 마무리로 선택했다. 속도는 전쟁 수행에 필수적이었다. 속도가 전쟁의 승패를 좌우했다.

성이 감당할 수 없을 만큼 견고할 때 몽골 전사들은 다른 방법을 썼다. 성을 공격하다 패배하는 것처럼 긴박하게 도주하면서 자신들의 중요 물건을 남겨놓고 철수했다. 급하게 패퇴하여 도망가는 것처럼 보이기 위해서였다. 성 안에 있던 군사들이 마차를 가지고 전리품을 실어 나르기 위해 성문을 열고 나왔다. 전리품을 챙겨 성문으로 들어가는 순간, 바람처럼 다시 나타나 열려있는 성 안으로 진격해 들어갔다. 푸른 전사들의 기동성은 가축과 맹수의 싸움에 비교할 정도였다. 빠르고 정확했다.

성 안은 소란해지며 혼란에 휩싸였고 순식간에 성은 푸른 전사에게 점령당하였다. 푸른 전사들은 배우면서 전쟁을 수행했다. 그들은 한 번 내려진 명령은 죽어서라도 임무를 완성하려 했다. 초원이라는 극도로 힘든 환경을 극복해 가는 과정에서 터득한 생존전략이었다. 피를 부르는 환경에서 살아남기 위해 조직의 결속력을 키웠다. 늑대가 생존을 위하여 무리를 지어 살면서 각자의 임무에 충실하듯, 푸른 전사들은 목표를 정하면 각자의 임무에 따라 죽음을 무릅쓰고 달려들었다. 그리고 성취했다.

칭기즈칸은 속도를 중요하게 여겼다. 명령이 말단까지 가장 빠르게 전달될 수 있는 방법을 찾았다. 이른바 역참제도였다. 신속한 통신체제인 이 제도를 확립하기 위해 군에서는 기병을 참여시켰고, 지역민에게는 역참을 관리하도록 했다. 역참 업무는 군역 대신이었다.

역참은 지형에 따라 달랐지만 평균 30km마다 세웠으며, 각 역참에는 말을 갈아타고 잠시 쉬어 갈 수 있는 시설과 식량, 사료 등이 항상 구비되어 있었다. 마르코 폴로의『동방견문록』에 따르면 역참 제도가 얼마나 빠르고 역동적인 제도인가를 확인할 수 있다. 역참에는 400마리의 말이 사육되고 있어 칭기즈칸이 사신을 파견하더라도 이동에 부족함이 없도록 하였다. 또한 넓고 잘 정비된 여관에는 근사한 침대가 비치되어 있고 필요한 물건들이 제공되어 숙식에 불편함이 없었다. 칭기즈칸이 숙박할 때 제공되기도 했다.

역참 제도가 운용되면서 서쪽의 알타이 산맥에서부터 만리장성을 가로질리 중국 동부로 들어가는 관문까지 길이 열렸다. 길을 통해 먼 곳의 새로운 정보와 변화된 정보가 빠르게 오고갔고, 칭기즈칸의 명령이 몽골의 구석까지 빠르게 전달되었다.

"각 역참에는 20~30호 가량의 마을이 있었다. 역참에는 대칸 앞으로 보내는 통신문서를 전달하는 파발이 살고 있었다. 파발은 폭이 넓은 띠를 매고 있었는데 띠 둘레에 많은 방울이 달려 있었다. 파발들이 도로를 달려오면 먼 곳에서도 이 방울소리가 들렸다. 파발들은 전속력으로 질주하는데 한 사람이 달리는 거리는 5km 정도이다. 5km 앞에는 또 다른 파발이 이미 달릴 준비를 하고 있었다. 파발이 도착하면 즉시 서장을 받고 서기관에게 전표를 받아 쏜살같이 달려갔다. 이러한 방법으로 열흘 길이 하루 길이 되어 대칸에게 상황이 보고되었다."

얼마나 속도에 몰입하고 있었는가를 보여주는 글이다. 몽골인들은 세상과의 전쟁을 속도로 결정짓고 있었다. 정확한 정보와 빠른 명령 전달 체계, 그리고 역참이라는 고속도로를 통해 많은 정보를 수집했다. 몽골인들의 정보 관리력과 방법은 제국의 영토가 커지면서 더욱 발전했다.

달리는 말의 속도를 줄이지 않기 위해 5km마다 사람과 말을 바꾸어 다시 달리는 혁명적인 발상은 '빨라야 한다'는 것을 생명처럼 여긴 몽골인들의 발상이었다. 길은 몽골인들의 통신수단이었고 이동로가 되었다. 또한 몽골 제국의 핏줄이 되어 경제를 활성화하는 효과를 가져왔다.

역참의 파발들이 달릴 때는 누구도 방해해서는 안 되었다. 파발들은 처음 출발지에서 도착지까지 사람과 말을 바꾸어가며 밤낮없이 달렸다. 릴레이식으로 거친 황야와 때로는 사막을 달렸다. 그들이 타고 달리는 말의 속도는 어느 곳에서도 늦춰지지 않았다.

역참 덕분에 몽골 제국의 수도 카라코룸을 출발한 기마부대가 러시아를 공격할 때 걸린 시간은 두 달이었다. 지금의 전투 방식으로 계산해도 깜짝 놀랄 속도이다. 역참의 기능은 물자의 수송로가 되기도 했고, 대상들에게 침식을 제공하는 휴게소가 되기도 했다. 마르코 폴로 일행과 로마 교황청에서 보낸 사절이 카라코룸을 부사히 오고간 것도 역침 제도 덕분이었다. 여참을 이용하여 하루 500량의 수레가 식량과 생필품을 싣고 카라코룸을 드나들었다.

전리품의 공정한 배분

약자를 위해 약탈을 금지하다

칭기즈칸은 결정했다. 약자를 살려야 전체가 살 수 있다고 생각했다. 칭기즈칸은 초원에 새로운 규칙이 필요한 시점임을 알았다. 초원에는 두 가지 법칙 같은 문화가 존재했다. 하나는 부족 간의 쉼 없는 전투이고, 다른 하나는 전투에서 발생하는 약탈의 관행이었다. 전투와 약탈이 곧 경제활동이었다. 소·말·양 같은 가축을 빼앗고, 전투에서 이겨 노예를 확보하는 것이 초원의 전통이었다. 모두가 죽는 공멸의 상황을 이제는 종식해야 했다.

첫 번째 과제는 초원을 통일해 약탈전과 복수전을 사라지게 하는 것이었고, 두 번째 과제는 전투 중에 이루어지던 약탈을 금하고 전리품을 공정하게 배분하는 일이었다. 강자만 살아남는 초원의 법칙을 끝내고, 몽골인들의 화합과 미래를 위한 결단을 내려야 했다.

"전투 중에 약탈을 금지한다."

그는 전사들에게 전투 중에 노략질을 하지 말라고 선언했다. 그리고 전쟁에서 패퇴할 때 초원으로 뿔뿔이 흩어지던 기존의 전략을 수정해, 지정한 장소에 재집결하도록 했다. 명령에 불복종

하면 누구든 목이 떨어져 나갈 것이라고 경고했다.

칭기즈칸의 선언은 몇 가지 문제를 불러왔다. 지금까지 초원의 규칙은 적을 공격할 때 적의 진지에 먼저 도착해 적을 제압한 전사가 적의 재산을 빼앗는 것이었다. 그야말로 약탈이었다. 강한 자가 약탈물의 주인이 되는 방식이었다. 전투 의욕을 높이는 방법으로는 좋았지만, 문제는 전투 중 약탈물에 정신이 팔려 적에게 역공을 당해 패전하는 경우가 많았다는 것이다. 또한 전투에 참가한 강자만 약탈물을 차지할 수 있었고, 전투에 참가하지 못한 약자에게는 분배될 것이 없었다. 노약자나 후방에서 지원 업무를 맡은 이들에게는 몫이 아주 적거나 아예 없었다.

칭기즈칸의 선언은 공감할 만했지만 강자들에게는 불합리한 규칙이었다. 무리 중 일부가 진영을 떠났지만, 그는 일부의 탈락을 감수하고서라도 끝까지 밀고 나갔다.

전투가 없으면 내부 갈등이 커질 수밖에 없었다. 원인은 약탈에 대한 것이었고, 이를 해결하는 방법은 전투를 하는 것이었다. 그러나 '전투 중에 약탈을 금시한나'는 칭기즈긴의 선언이 효과를 보기 시작했다. 약탈물을 챙기느라 역공을 당해 전사자가 속출하거나 전투에서 패하는 경우가 많았지만, 그의 선언이 작동하면서 문제가 해결되기 시작한 것이다.

전투에서 승리한 후에는 규율에 따라 전리품을 한곳에 모았다. 많은 양을 한곳에 정리해 전체를 파악한 뒤, 공적에 따라 넉넉하게 나누었다. 후방에 남아있는 노약자와 지원자들에게도 전리품이 돌아가게 했다.

약탈을 금지한 효과는 컸다. 전 부족의 불만을 잠재우고 전투력은 향상되었다.

이제 마지막 남은 부족을 공격해 승리했고, 부족 간의 전쟁은 끝났다. 몽골 초원이 하나로 통일된 것이다.

통일된 초원은 잠시 안정을 가졌지만, 이내 다시 갈등이 커지기 시작했다. 전투가 사라지자 전사들은 얻을 것이 없어졌다. 전사가 직업이었던 이들에게서 불만이 생겨났다. 초원은 근본적으로 물자가 부족한 곳이었다. 칭기즈칸은 내부 불만으로 조직이 와해되는 것을 막기 위해 시선을 밖으로 돌렸다.

정착민은 농사를 지어 먹을 것이 풍부했고, 보석이나 값비싼 물품을 소지할 정도로 부유했다. 정착민과의 교류를 원했지만 너무 어려웠다. 방법은 하나뿐이었다. 정착민을 공격해 물자를 확보하는 것이었다. 칭기즈칸의 전쟁은 경제 전쟁이었다.

부족 간 전쟁에서 얻은 전사의 용맹은 부족한 물자를 확보하는 데 활용되었고, 내부 불만도 잠재워졌다. 칭기즈칸은 상업적 사고를 가진 냉철하고 현실적이며 엄격한 지도자였다.

몽골인들에게 특화된 장점은 싸우는 능력이었다. 통일된 몽골 사람들이 먹고 살 수 있는 방법은 전사들과 함께 정복 전쟁을 하는 것이었다.

출발은 위태로웠으나 결과는 위대했다. 정복 과정은 무자비할 정도로 잔인했지만, 통치는 부드럽고 관용적이었다. 거대한 상권이 형성되고 극지에서 오지까지 길이 열렸다. 상인들의 통행이 자유로워지고 물자가 쉽게 오갔다. 문화와 기술이 활발히 교류되면서 물질적 풍요가 생겨났다. 칭기즈칸의 도시 카라코룸은 물론, 거대한 대륙은 차츰 하나가 되어갔다.

세상 사람들은 불가능하다고 했지만, 이를 가능하게 만든 사람이 칭기즈칸이다. 모든 일의 선두에는 그가 있었다. 기병만으로 이루어진 군대, 충성심으로 똘똘 뭉친 몽골의 푸른 군대는 스펀지 같은 군대였다. 새로운 것은 곧바로 흡수했고, 자신에게 없는 것은 어떻게든 받아들였다. 처음 문명국가를 공격할 때는 자신들만의 전술과 빠른 속도로 승부했다. 그것만으로도 충분하다고 생각했다.

칭기즈칸과 옹칸이 타타르족 원정을 개시했을 때였다. 초원 습격에서 흔히 사용하는 방법을 이용해 대규모로 공격했다. 그간 훈련과 사냥을 통해 얻은 강인함으로 예상보다 쉽게 타타르족을 제압할 수 있었다.

그러나 칭기즈칸은 놀랐다. 정착민의 풍요로움은 상상을 초월했다. 타타르족의 어린아이들은 귀에 황금고리를 달고 다닐 정도였다. 몽골 사람들에게는 감히 넘볼 수 없는 사치였다. 그들은 중국 금나라와 가까운 곳에 위치해 있었기에 물물교환의 혜택을 누리며 정착민들의 고급 문화를 향유하고 있었다.

칭기즈칸은 무엇보다 약한 자는 살아남기 힘든 초원의 법칙을 잘 알고 있는 지도자였다. 이번 전쟁을 통해 알게 된 것은, 타타르족도 주르첸족처럼 배후에 금나라가 도사리고 앉아 있다는 사실이었다. 살육과 약탈이 생활화된 원인 중에는 일정 부분 금나라의 조정이 있었다. 그는 금나라를 쳐부숴야 초원에 평화가 오고, 문명국의 부유함을 얻을 수 있다고 생각했다.

칭기즈칸은 전쟁을 통해 명성을 얻었고 많은 전리품을 챙겼다. 전쟁의 승리로 추종자들은 늘어났고 그의 지위는 더욱 확고해졌다. 초원에서 그는 점점 강자로 떠올랐다.

그가 부상을 입어 치료를 받기 위해 잠시 자리를 비운 사이, 타타르족 원정에 참가하지 않았던 주르첸족이 기습해 그의 부하 10명을 죽이고 일부 물품을 약탈해 가는 사건이 일어났다. 이 일을 계기로 칭기즈칸은 영역 확장을 위한 첫 번째 대상으로 주르첸족을 지목했다. 그것은 당연한 결과였다.

결국 칭기즈칸은 1197년 주르첸족 원정에 나섰다. 그동안 쌓아온 훈련과 실전 경험으로 그의 군대는 한층 더 강해져 있었다. 일사불란한 조직력과 충성심, 전력이 최고조에 이르렀다. 주르첸족은 그의 상대가 되지 못했다.

조직 강화를 이룰 수 있었던 배경에는, 몽골 초원의 전통이었던 가족 중심의 통치 방식을 버리고 충성스러운 동맹자들을 과감하게 측근으로 임명한 것이 있었다. 또한 칭기즈칸은 포로 처리 방식도 바꾸었다. 초원에서는 승리한 부족이 전리품을 약탈한 후 씨족 일부를 포로로 잡아가고 나머지는 내버려 두었다. 그러나 칭기즈칸은 회의를 소집해 주르첸 부족들을 어떻게 처리할지 논의했다. 이는 초원에서는 전례 없는 일이었다.

그는 전쟁에서 승리한 후 공개 재판에서 타타르족 원정에 동맹으로 참여하지 않은 것과, 자신의 야영지를 습격해 부하들을 죽인 것의 죄를 물었다. 재판 결과, 주르첸족의 죄가 무겁게 인정되어 즉시 처형하였다. 이는 동맹자 관계에서 신의를 어기면 누구든 똑같이 처리한다는 경고였다. 어떤 귀족에게도 특별 대우는 없다는 선언이었다.

또한 칭기즈칸은 전쟁 포로를 노예로 삼거나 죽이는 대신, 정상적인 부족 구성원으로 받아들이기로 했다. 물론 전향하지 않거나 적대적인 지도자들은 처형했지만, 병사들을 받아들이는 일은 보복을 당할 위험이 있어 반대하는 이들도 있었다. 그러나 그는 과감히 제도를 바꾸었다.

칭기즈칸은 주르첸을 정복하고 몽골의 강자로 떠올랐다. 명성도 함께 올랐다. 그의 변혁은 초원에 강렬한 메시지를 던졌다. 자신을 따르는 이에게는 신분을 가리지 않고 보답했고, 자신을 공격하는 이는 지위 고하를 막론하고 징벌했다. 과거 초원의 지도자들과는 다른 새로운 조치들을 통해, 그는 조직 내부 결속을 강화했고 대외적으로는 자신이 초원에 평화를 가져오는 인물임을 알렸다.

끝없는 전쟁 속에서 병사는 늘 부족했다. 전투병 충원을 위해서도 이런 조치는 필요했다. 실제로 그들을 전투병으로 참전시켜 공을 세우면 진급을 시켜주었다. 몽골인과 같은 대우를 해줌으로써 전사는 줄지 않았고, 전투력은 오히려 향상되었다.

전장에서 죽어도 고향행

앞서가는 사람이 정보를 가장 빠르게 만나고 그 정보를 유익하게 활용하여 새로운 세계를 연다.

몽골에서는 "당신이 지금 온 쪽에는 무슨 일이 있었나요?"가 인사말이 될 정도였다. 그만큼 그들은 정보에 관심을 가지고 대처해갔다.

그들에게 정보는 생명이다. 어디에서 습격해올지 모르는 상황에서 그곳의 정보를 알아야 했다. 몽골의 초원에서는 가축에서 나오는 젖과 고기를 제외하고는 대부분의 것들이 부족했다. 상인들이 초원을 방문하는 날은 마치 몽골인들의 축제날 같았다. 초원은 이중적인 장소였다. 하늘이 환하게 열려있고 시야가 탁 트인 개방된 지역이지만, 한편으로는 가장 폐쇄된 지역이기도 했다. 초원을 방문하려면 모험심을 가져야 한다. 사막처럼 길을 잃어버리기 십상이다. 만약 길을 잃으면 사람을 만나기 어려워 두려워지는 곳이었다.

반면 초원은 모든 세계로 갈 수 있는 열려진 장소이고, 세계로부터 모든 것들이 들어오는 데 장애가 없는 장소였다. 푸른 초원에서 인간은 작은 점 같은 존재여서 사람이 그리운 곳이기도 했다.

초원으로 들어오는 사람들은 짐략자이거나 상인이 내부분이있다. 상인은 몽골족에게는 반가운 손님이었다. 처음 보는 진귀한 물건이 상인을 통해 들어왔고, 자신들과 다른 곳에 사는 사람들의 이야기를 이들을 통해서 들을 수 있었다. 자신들을 공격해 오는 것이 아니면 몽골인에게 사람은 반가운 존재였다. 몽골인들에게 종교가 전파된 것도 몽골 초원을 찾아오는 사람들이 전도한 것이다. 사소한 정보라도 몽골인들에겐 긴요했다.

정보의 유통은 이동하는 사람들을 통해 이루어졌다. 그들은 먼 곳의 정보를 가지고 오기도 했지만, 초원의 소문을 다른 곳으로 전달하기도 했다.

칭기즈칸은 정보를 이용했다. 자신에게 유리한 정보를 만들어 푸른 초원에 퍼뜨렸다. 살얼음판 같은 긴장의 틈바구니에서 칭기즈칸은 샤먼 집단의 우두머리 격인 테프 텡그리를 활용해 자신의 입지를 강화했다.

"몽골에 평화를 가져다 줄 사람은 칭기즈칸이다"라고 퍼뜨렸다. 이 말은 칭기즈칸에 대한 믿음을 상승시켜주는 계기가 되었다. 몽골 초원의 사람들을 칭기즈칸의 수하로 모으기 위한 하나의 방법이기도 했지만, 내부적으로는 의심 없이 칭기즈칸에게 충성할 수 있는 힘을 길러주는 계기가 되었다.

어느 시대나 매체를 잘 활용하는 사람이 유리한 위치를 차지하게 된다. 칭기즈칸은 아주 적절하게 내부 결속과 세력을 넓혀가는 방법으로 샤먼의 힘을 빌렸다. 사소한 것 같은 일이 초원 사람들을 변화시키는 기폭제가 되었다.

푸른 군대는 부대를 이탈해서 혼자서 살아갈 수 없었다. 무리와 함께가 아니면 달리 도망할 곳도 없었다. 푸른 초원은 하늘처럼 열려있어 모든 것이 한눈에 들어왔다. 조직을 떠나서는 달리 살아갈 방법이 없었다. 푸른 군대가 강한 응집력으로 승리할 수 있었던 것은 다른 요인으로는 설명하기 어렵다. 한마디로 그들은 척박한 초원에서 살아남기 위해 치열하게 살아야 했고, 부족간의 싸움에서 생사를 넘나드는 극한 위기를 견디며 살아온 특유의 생명력과 단결력 그리고 규율에서 그 답을 찾을 수밖에 없다. 그리고 지도자의 일관된 꿈의 실현 의지와 같은 꿈을 가진 조직원의 변함없는 충성심이 일당백의 능력을 발휘한 것이었다.

함께 역경을 겪고 있지만 서로에게 힘이 되는 관계로, 조직원 중에 누군가가 어려움을 당하면 남은 조직원이 해결해 줄 것이라는 믿음이 있었다.

"칭기즈칸은 전투에 나가 싸우다 죽은 전사자를 고국의 땅에 묻어주었다. 그들은 죽어가면서 영원한 푸른 하늘로 돌아갈 것이라 믿었다."

칭기즈칸은 전투 중에 전사한 전우의 시신을 고국으로 이송해 안장시켜 주었다. 그들은 죽은 자의 시신이 이국땅 먼 곳에서 타인에 의해 훼손당하는 것을 무엇보다 금기시했다. 유목민들의 전통은 병사가 초원에서 싸우다 사망하면 시신을 초원의 특정 장소에 놓아두어 짐승이 처리하게 하거나, 자연스럽게 썩어 없어지도록 했다. 죽은 자의 소유물과 함께 초원에 놓아두는 것이 그들의 장례법이었다.

그러나 죽음의 환경이 달라졌다. 초원에서 멀리 떨어진 전장에서 전사들이 죽으면 고향에서처럼 자연스럽게 자연으로 돌아가는 것이 아니라 정착민들에 의해 시신이 훼손당한다고 생각했다. 사실 정착민들에게 시신은 자연에 방치되어서는 안 되는 것이었기 때문에 자신들의 방식으로 처리하는 것을 시신의 훼손으로 본 것이다.

칭기즈칸은 푸른 전사들의 시신을 고향으로 보내 매장하게 했다. 운송이 힘든 경우에는 소지품과 함께 좋은 곳에 매장을 했다. 칭기즈칸은 푸른 전사의 생명과 죽음까지를, 가족의 처음부터 끝까지를 모두 책임졌다. 무엇보다 전장에서 죽더라도 고향으로 돌아갈 수 있다는 것과 죽은 자의 가족을 책임져준다는 확고한 믿음은 병사들에게 엄청난 힘이 되어 부담 없이 싸울 수 있었다.

"몽골군은 전투에서 명예를 찾는 것이 아니었다. 오직 승리에서 명예를 찾았다. 그들의 목표는 하나였다. 오직 승리뿐, 승리가 아니면 아무것도 아니었다."

승리를 위해서는 모든 방법을 동원했다. 어떻게 싸우든, 어떻게 도망가든 중요하지 않았다. 승리만 하면 되는 것이었다. 목적은 승리였기에 간교한 기만책을 쓰거나 잔인하게 적을 다루어도 괜찮았다. 반대로 어떠한 훌륭한 일을 하였다고 해도 승리하지 못하면 그것은 가치를 잃었다. 끝까지 싸워 이겨야만 개인의 명예가 있는 것이었다. 전쟁에서는 반드시 승리해야만 했다. 공동체로서의 연대의식이 강했기 때문에 부분의 승리는 그리 중요하지 않았다.

초원의 법 새로 지정

인종이 다양한 대규모 부족 연합체의 평화 유지를 위해 부족 간 분쟁의 원인을 없에는 새로운 법을 만들었다.

칭기즈칸 대자사크(대법령)라 불리는 이 법령은 다른 법과는 다른 면이 많았다. 그는 신의 계시를 대자사크의 기초로 삼지 않았다. 인간으로서 허약한 부분을 신권을 빌려 백성을 통치하는 그 시대의 법들과는 달랐다. 자신들보다 문명이 앞섰다는 정착민들의 법을 빌려오지도 않았다.

부족 간의 질시와 분쟁을 낳을 수 있는 요소들을 제거했다. 그러나 초원에서 내려오던 유목민들의 관습과 전통은 그대로 유지시켰다. 덩치가 커졌지만 사회에 어긋나지 않는 것들을 그대로 유지시킴으로써 혼란을 줄였다.

칭기즈칸 대자사크는 관습법인 셈이었다. 다만 커진 사회에 적응할 수 있는 체계로 바꾸었고, 공정한 법 집행이 될 수 있도록 만들었다. 족벌을 인정하지 않았고, 천호제라는 새로운 체계에 적용할 수 있는 법을 만들었다. 공정한 분배에도 신경을 썼다.

전체의 화합과 안정을 위해서는 혈연이나 지연보다는 능력이 우선하는 체계로의 전환이었다. 법의 내용 중에는 여자의 납치를 금지하는 내용과 몽골인을 노예로 삼는 것을 금지하는 법령도 있었다. 자신의 아내인 부르테가 납치되어 임신한 첫째 아들의 문제로 고통받았던 것과 칭기즈칸 자신이 타치우드족에게 잡혀 노예가 되었던 것을 법에 적용한 것이다.

전체 사회의 체제를 유지하는 데 해가 되거나 부족들 간의 적대감을 만들어냈던 납치, 노예, 강제노동 등의 악습은 약자들이 견뎌내기 힘든 고통과 증오를 남기게 된다. 이러한 일들이 반복되면서 사회가 갈등 속으로 빠져들고 내부 분열의 요인이 되고 있다는 사실을 알고 있었다.

초원에서 가장 중요한 것은 가축이었다. 초원 사람들에게 가축은 재산의 전부라고 해도 과언이 아니다. 그만큼 가축이 차지하는 재산 가치가 컸다. 당연히 가축으로 인한 분쟁이 많을 수밖에 없었다. 잃어버린 가축을 놓고 서로 싸우기도 하고, 야생동물에 대한 수렵권을 두고 분쟁이 발생하기도 했다. 이에 칭기즈칸은 새끼를 낳는 3월부터 10월 사이에는 사냥을 금지시켰다. 여름 사냥을 금지시킴으로써 동물의 생존율을 확대시킬 수 있는 안전판을 마련할 수 있었다. 사냥꾼들에게는 식량에 필요한 정도의 동물만 잡게 하고, 그 이상은 도살할 수도 없도록 했다. 짐승을 사냥하는 방법과 도살하는 방법까지 구체적으로 규정했다.

동물을 사냥하고 도살하는 것까지 규정을 만든 것은, 그들에게 사냥이 아주 중요한 문제였기 때문이다. 그리고 그의 사상에는 동물에 대한 사랑이 기본적으로 깔려 있었다. 동물들이 사람의 먹이지만, 그들의 기본적인 생명은 소중한 것으로 아무렇게나 다루지 말 것을 당부하는 내용이 그의 어록에 남아 있다.

"짐승을 잡을 때에는 먼저 네 다리를 묶고, 짐승이 고통스럽게 죽지 않도록 심장을 단단히 죄어야 한다. 이슬람교도처럼 짐승을 함부로 도살하는 자는 그도 같이 도살할 것이다."

대자사크의 유목 생활에 관한 조항 제16조가 동물에 대한 그의 생각을 뒷받침해주고 있다.

"만물은 모두 청정하다. 부정한 것은 없으므로 정과 부정을 구분해서는 아니 된다."

환경에 대한 배려나 동물 애호에 대한 생각이 현재 같지는 않지만, 자연에 대한 그의 생각을 알 수 있다.

칭기즈칸은 많은 법을 정비하고 새로운 법을 제정했다. 칭기즈칸이 성문화한 몽골법은 집단책임과 집단범죄를 인정했다. 개인보다 집단을 우선시하는 법체계를 선택했다. 내부결속과 단합을 우선시했고, 모든 법과 조직은 전쟁을 위한 체계였다. 밖으로의 팽창을 위해 안을 다지고 힘을 비축했다. 전쟁 중에서 가장 힘든 전쟁은 내부와의 전쟁이다.

〈외부와의 전쟁은 적과 죽기 살기로 싸워 승패가 분명하게 갈리는 단순한 게임이지만, 내부와의 전쟁은 배려와 갈등, 그리고 결단이 필요한 난해한 전쟁이다.〉

외부와의 전쟁에서 승리하기 위해서는 내부의 갈등이 잘 마무리되어야 가능하다. 나를 넘지 못하는 사람은, 다시 말해 나를 궁정으로 이끌지 못하면 전장으로 나가는 것을 접어야 한다. 세상을 만드는 힘은 긍정에서 나온다.

칭기즈칸은 긍정적인 사람으로, 미래에 대한 꿈을 가진 인물이었다. 그리고 무엇보다도 그 꿈을 실현하는 데 가장 중요한 것은 함께 꿈꾸는 조직이 있어야 한다는 것을 아는 사람이었다. 그래서 그는 자신의 꿈을 이야기했고, 그 꿈을 백성이 함께 이룰 수 있는 대동의 길을 모색했다. 그리고 꿈을 이루기 위한 방법 중의 하나가 새로운 형태의 조직과 법을 세우는 것이었다.

친위부대 케식을 창설

몽골 초원에서 약자는 존재할 수가 없다. 약자는 강자 밑에 들어가야 보호를 받을 수 있었다. 초원에서의 개인은 야생 동물처럼 누가 잡아가도 하소연할 곳이 없었다. 강자는 약자를 잡아다 죽이고 그들의 물건을 빼앗아도 정당했다. 강자만이 살아남을 수 있었고, 강자만이 정당했다.

암살이 수시로 일어났다. 그리고 갈등을 무력이나 완력으로 해결하는 것이 특별한 일이 아니었다. 테무진이 칸으로 등극하자 신변의 위험이 더욱 커졌다. 칭기즈칸은 '케식'이라 부르는 친위부대를 창설했다. 케식은 특별한 조직으로, 칸의 보호가 일차적인 목적이었으나 권력의 산실로서의 친위부대 역할이 컸다. '케식텐'이라 부르기도 하는 케식은 칸을 밤낮없이 호위하는 친위대로, '축복받은 수호'라는 뜻을 가지고 있지만 윤번, 즉 차례로 돌아가면서 근무한다는 의미도 있다. 또한 친위부대의 구성을 보면 유능하고 충성심이 높은 몽골 부족의 귀족 자제나 무훈을 세운 병사 중에서 선택되었다. 창설 당시에는 100여 명이었다.

주 임무는 대칸의 호위이지만, 평시에는 궁정 사람들에 대한 감독, 말 관리, 무기 및 보급품 관리 등의 행정 업무를 담당했다. 정착민의 눈으로 보았을 때 케식은 궁중 관리인 정도로 보였을 것이다. 성이나 궁궐이 없는 몽골의 천막은 방어에 문제가 많았다. 성이나 궁궐처럼 담이 없어 기습적인 공격에 노출되어 있었다. 규모에도 한계가 있어 실내공간이 없을 정도로 좁았다.

칭기즈칸은 한 나라씩 정복이 이루어지고 통치할 나라가 많아지자 명령했다.

"세상의 수많은 나라들이 나의 고삐 아래 들게 되었다. 이제 나의 친위대원을 천호별로 뽑도록 하라. 그리고 숙위, 시위, 전통사를 일만 명으로 채워라."

친위대를 선발하는 영을 천호마다 공포하였다. 만호, 천호, 백호의 아들과 평민의 자제가 친위대에 선발되려면 용모가 단정하고 재능이 특출해야 했다. 천호장이나 백호장의 자식을 뽑아 케식의 일원으로 만든 것은 일종의 볼모였다. 반란을 막기 위한 조치이기도 했다.

칭기즈칸은 친위부대를 대폭 강화하였다. 숙위 1천, 시위 8천, 전통사 1천 등으로 대폭 확충했다. 친위대를 맡고있는 책임자는 칭기즈칸이 가장 신임하는 사람들이었다. 칭기즈칸은 케식에 대해 각별한 임무와 특권을 주었다. 같은 천호장이라도 케식의 천호장과는 큰 차이가 있었다. 칭기즈칸은 이 차이를 당연한 것이라고 단호하게 말했다.

"밖에 있는 천호장보다 나를 친위하는 자가 높다."

정규군으로부터 분리되어 후방에서 호위의 업무를 맡았다. 그러나 칭기즈칸은 머물기보다는 전투에 직접 참가하는 현장의 지도자였다. 호위 업무만을 담당하는 케식은 자연스럽게 전사가 되어야 했다. 전장에 나가면 그들은 모두가 지휘관이 되었다.

넓은 지역을 점령하면서 전사들의 수가 늘어났다. 전쟁이 벌어지면 전투에 참가하는 전사들이 칭기즈칸의 친위부대보다 많았다. 친위부대의 필요성이 강조될 수밖에 없었다. 모든 군권은 강력한 힘에서 나온다는 것을 본능적으로 알고 있는 칭기즈칸이 있다.

씨족이나 부족 구분 없이 모두 몽골 제국의 백성

칭기즈칸은 자신의 꿈을 부족의 꿈으로 전환하는 일부터 시작했다. 자신이 꿈꾸던 생각이 부족 전체가 바라는 희망과 일치한다면, 그 꿈을 더 빨리 이룰 수 있다고 설득했다.

칭기즈칸은 결단을 내렸다. 야망의 실현은 지금의 모습으로는 이루어질 수 없었다. 기존의 방법이나 조금 다른 혁신으로는 지금보다 약간 나은 개선에 그칠 뿐이었다. 그는 이를 간파하고 과감히 실행에 옮겼다. 칭기즈칸이 이룬 업적 가운데 가장 큰 일은 바로 혁신적인 구조조정이었다. 내부 조직 전체를 새롭게 개편하는 엄청난 혁신이었다.

그는 전사를 10명 단위로 묶어 '아르반(Arban)'이라는 분대를 편성했다. 분대원들은 혈연이나 부족과 상관없이 형제처럼 지내도록 했다. 새롭게 만들어진 아르반은 생사를 함께하는 전우 집단으로 전장에 투입되었다. 오늘날의 팀제 운영 방식과 비슷했지만, 군사조직이었기에 임무 실패나 내부 불화가 발생하면 목숨으로 책임져야 하는 엄중한 체계였다.

새로운 체제에서는 부족의 모든 구성원이 공적인 임무를 수행해야 했다. 군인으로 복무할 수 없는 사람은 일주일에 하루 정도 다른 공적인 일에 참여해야 했다. 전사의 가축을 돌보거나 연료로 쓸 가축의 똥을 모으는 일, 음식을 만드는 일, 무기를 수리하는 일 등이었다. 드물게는 전쟁에 지친 군인들을 위해 노래를 부르거나 연예 활동을 하는 경우도 있었다.

전투에서 분대원 중 누구라도 포로가 되면, 전우를 남겨둔 채 떠날 수 없었다. 아르반은 친형제만큼 돈독해져야 한다는 내부규정이 있었기 때문이다. 아르반 내에서는 가장 나이 많은 사람이 분대장을 맡았지만, 분대원들의 의견을 모아 다른 사람을 선출할 수도 있었다. 내부 불만을 최소화하기 위한 민주적 방법이었다.

칭기즈칸은 명령했다.

"십호를 다스릴 능력이 없는 자가 자리를 지키고 있다면, 그 가운데서 십호장을 새로 뽑아라. 백호, 천호, 만호장도 마찬가지다."

이 제도는 지휘의 일원화를 이루는 데 매우 유용했다. 명령체계가 확립되면서 상부의 지시 사항이 단번에 말단까지 신속히 전달될 수 있었다. 또한 씨족과 혈연에 기반한 원시적 조직을 군사 조직으로 재편하면서 평등한 구조가 확립되었다.

칭기즈칸이 현대적인 조직을 갖추고 발전의 속도를 높일 수 있었던 것은 바로 '천호제' 덕분이었다. 혈연이라면 누구나 자동으로 포함되는 공동체에서 직무 중심의 공동체로 전환한 것이다. 다시 말해, 부족 중심의 혈연공동체를 직무공동체로 개편한 것이 천호제이다.

이는 성과급과 계약형 고용에 가까운 제도로, 일대 변혁이었다. 전투 능력이 뛰어난 인물이 조직의 수장이 되었고, 칭기즈칸은 칸에 오른 이후에도 자신을 '칸'이라 부르지 못하게 하고 이름으로 부르게 했다. 하부의 의견이 상부로 올라올 수 있는 통로를 항상 열어두겠다는 의지의 표시였다.

그는 이렇게 말했다.

"다른 사람에 대해 좋다 나쁘다를 말하지 말고, 호언장담하지 말라. 그리고 누구에게든 경칭을 쓰지 말고 이름을 불러라. 천호장이나 칸을 부를 때도 마찬가지다."

칭기즈칸의 혜안은 지금 보아도 놀랍다. 종래의 몽골 부족은 씨족을 기초단위로 하는 조직이었다. 혈연으로 이루어진 군대는 소규모일 때는 결속으로 강한 전투력을 발휘했지만, 대규모 집단에서는 오히려 분열의 씨앗이 되었다. 지휘체계가 분산되고 권위가 무시되어 일사불란한 지휘가 이루어지지 못했다. 씨족 내 가족관계와 혈연에 따른 갈등, 집단 이해관계가 얽혀 분열을 막기 어려웠다.

칭기즈칸은 이러한 불합리한 구조를 개편하여 상부의 명령이 빠르게 전달되고, 구성원 모두가 책임을 질 수 있는 체계로 만든 것이 천호제였다. 10진법을 적용한 천호제는 단순하면서도 효율적이었고, 정치·군사·사회를 하나로 묶은 통합체였다. 이는 몽골 부족을 하나로 묶는 종합 관리 시스템의 완성이었다.

오늘날 우리나라에서 시행 중인 직무급제가 노조와 일부 집단의 반발을 부르는 것처럼, 당시에도 씨족장과 부족장들의 반발은 컸다. 그러나 칭기즈칸은 뚝심으로 밀어붙였다. 하층민들은 오히려 적극적으로 호응했다. 자치와 지휘권을 내부적으로 인정받았기 때문이다.

대자사크에는 이런 말도 기록되어 있다.

"자신이 속한 십호장, 백호장, 천호장 외에는 누구도 섬겨서는 안 된다."

칭기즈칸은 천호장을 임명했지만, 나머지 하위 조직의 지도자는 자체적으로 선출하도록 했다. 또한 지도자가 소임을 다하지 못하면 내부에서 책임을 물어 교체할 수 있도록 했다. 지금노 이 정도로 민주적 권한을 부여한 조직은 드물다.

십호장, 백호장, 천호장의 능력이 부족할 경우 언제든 교체할 수 있도록 한 것은, 하위 조직원들이 책임자를 불신임할 수 있는 길을 열어 준 획기적인 발상이었다. 단위별 지도자가 권력을 일방적으로 행사하지 못하게 했으며, 일단 선임되면 다른 누구도 섬겨서는 안 된다는 점을 분명히 했다. 오늘날 국가 원수나 주요 당직자를 불신임할 권한은 국민에게 있지만, 하위 조직원들이 직접 팀장을 교체할 권한을 가진 조직은 없다. 보통은 상위 기관이 불만을 수렴해 교체 임명하는 방식이다.

이처럼 단위별 지도자를 내부에서 교체할 수 있는 권한을 부여하고, 자체적인 선임권을 인정함으로써 조직을 활성화하고 위에서 내려오는 '낙하산 인사'에 대한 불만을 최소화했다. 이 조직 내에서는 모두가 평등했다.

칭기즈칸이 정점을 이룬 이 조직에서 구성원들은 하나의 통일된 민족이었다. 몽골족은 같은 목표를 지향하며 움직였고, 군사 조직으로서는 명령이 빠르게 퍼져나가는 강력한 힘을 가졌다.

만호, 천호, 백호장은 칸의 명령이 떨어지면 밤낮을 가리지 않고 명령을 실천했다. 그들에게 칭기즈칸의 명령은 곧 하늘의 명령이었다.

단합의 회의제도 쿠릴타이를 존속

쿠릴타이는 몽골의 정책 결정 최고기관이자 회의이다. 정책을 결정하거나 전쟁을 선포하는 주요 결정 기관이며 회의였다. 가장 중요한 역할은 새로운 칸을 선발하는 일이었다.

몽골 제국의 모든 칸은 공식적으로 쿠릴타이를 통해 선출되는 데, 칭기즈칸도 쿠릴타이에서 결정되었다. 유목 제국의 특성상 자주 모이기는 어려웠지만, 주로 칸의 숙소 근처 목초지에서 큰 규모로 열렸다. 쿠릴타이가 개최된 후에는 축제가 열렸고 그 축제는 약 일주일 동안 이어졌다.

칸을 새로 세우는 쿠릴타이가 개최되면 모든 일이 중단되었다. 테무진이 몽골을 통일하고 그 공로를 인정받아 몽골 최초의 쿠릴타이에서 칭기즈칸이 되었다. 그리고 몽골 제국이 선포되었다.

천하를 호령하던 칭기즈칸이 사망하고 2년이 지난 1229년 9월 13일, 쿠릴타이가 개최되었다. 이날은 그동안 새로운 칸이 지정되지 않아 미루어왔던 몽골 제국의 칸을 최종 선출하는 날이었다.

칭기즈칸이 공석에서 맏아들 주치와 둘째인 차가타이의 반목으로 셋째인 어거데이를 지목했지만, 장남 주치가 이미 사망하여 차남 차가테이와 삼남 어거데이, 그리고 막내 툴루이가 주요 후보가 되었다. 사실 막내 툴루이는 뛰어난 장군으로 귀족들 사이에 지지자가 가장 많았다. 그러나 어느 누구도 선뜻 나서서 한 사람을 지목하기 어려웠다.

툴루이가 임시로 국정을 맡고 있었지만 공식적인 칸의 자리는 아니었다. 이대로 방치할 수 없었다. 셋째인 어거데이를 후계자로 지명한 칭기즈칸의 뜻에 따라 칸으로 즉위할 것을 권했지만, 어거데이는 위로 차가테이와 동생 툴루이의 환영을 받지 못하는 칸의 자리를 맡을 수 없다며 거부했다. 치열한 논쟁 끝에 형 차가테이의 지지 선언과 막내 동생 툴루이의 양보를 얻어내면서 어거데이는 대칸의 자리를 받아들였다. 제2대 대칸이 탄생하는 순간이었다.

칭기즈칸은 몽골 제국의 근간조직인 유목민식 회의체인 쿠릴타이를 그대로 존속시켰다. 쿠릴타이는 여러 왕족이나 부족의 지도자들이 모여 다음 지도자를 뽑고 주요한 국사를 논하는 부족회의체였다. 이 제도는 북방 유목민족에게서 볼 수 있는 종친회의라고 할 수 있었다.

특히 쿠릴타이 중에 지도자를 뽑는 쿠릴타이를 '예케 쿠릴타이'라 하는데, 이는 몽골 제국 전체의 운명을 결정하는 매우 중대한 회의체였다. 대규모 군사작전을 결정하고 법을 제정하는 등 부족 전체의 운명을 좌우하는 중요한 기관이었다.

선출 방법은 만장일치제였다. 최종 결정에서 쿠릴타이의 결의에 동의하지 않는 사람은 스스로 부족을 떠나야 했다.

부족장을 선출하는 일과 부족의 미래를 결정하기 위한 중대사를 논하는 일이었기 때문에 매우 신중했다. 합의가 이루어지지 않으면 어떠한 일도 집행할 수 없었으며, 자칫 여론이 분열될 수 있었다. 초원에서의 분열은 동지에서 적으로 돌아서는 것을 의미하며 전쟁으로 이어질 수도 있었다. 그만큼 한 번 정해지면 모두

가 따라야 했다. 합의는 곧 신의 뜻으로 받아들여졌고, 결정된 사항에 대해서는 거부할 수 없었다. 이것은 초원에서 살아남기 위한 그들의 신념을 만들어내는 체계였으며, 또한 결속력을 만들어내기 위한 기구이기도 했다.

칭기즈칸의 전쟁은 전쟁에 참여한 전사의 전쟁이기도 했다. 전쟁에서 승리하면 몽골 제국에게 이익이 되는 것은 물론이고, 몽골 제국의 전사 개개인에게도 이익이 되었다. 전쟁에 참여한 전사는 자신의 전쟁으로 여기며 자존감이 높아지고 더 강한 전사가 되었다.

칭기즈칸의 명령에 달려간 전사들

사준사구

사준사구四駿四狗 또는 사구사준이라 부르기도 한다. 네 명의 충성스런 준마와 네 명의 충견을 뜻하는 말로, 칭기즈칸을 도와 몽골 제국을 건국한 8인의 건국공신들을 말한다.

위대한 자를 위대하게 만드는 것은 자기가 자신을 인정해서가 아니라 타인이 인정할 때이다. 나는 타인에 의해 위대해진다. 몇 사람이 인정하는 것이 아니라 세상이 인정할 때 비로소 위대한 자로 다시 태어난다.

칭기즈칸에게는 위대한 전사들이 있었다. 사준사구이다. 4명의 준마와 4명의 충견이었다.

인재는 한 시대에만 존재하지 않는다. 늘 있다. 사람을 어떻게 쓰느냐에 따라 범재凡才가 되기도 하고 인재가 되기도 한다.

위대한 자의 공통된 점은 인재를 잘 쓰는 것이다. 용병술이다. 장점을 키우면 인재가 되고, 약점을 보완하면 범재가 된다. 인재에게 힘을 실어주면 뛰어난 인물이 된다.

칭기즈칸의 용병술은 특별하지 않았다. 자신의 주위에서 만난 사람들을 받아들이고 그 사람의 장점을 살려주며 인정해 주었다.

칭기즈칸의 명령은 하늘의 명령이었고, 그의 명령은 거부할 수 없었다. 칭기즈칸은 사람을 믿었고, 한 번 믿은 사람에게는 힘을 실어주었다.

사준사구는 몽골 제국을 건국한 8인의 건국공신이다. 먼저 사준四駿은 '네 마리의 말'이라는 의미로, 칭기즈칸과 특별한 관계라기보다 그의 생애 속에서 자연스럽게 만난 인물들이었다. 이들은 처음부터 특별한 존재가 아니라 칭기즈칸 곁에서 특별하게 성장한 인물들이었다. 그들은 칭기즈칸을 만나 위대해졌고, 칭기즈칸은 사준사구에 의해 더욱 위대해졌다.

사준은 내정과 전략가들이었다. 칭기즈칸의 신하들은 전투에 능숙한 자들이었고, 전투에서 승리하는 것이 무엇보다 중요했다. 사준은 칠라온, 보르오초, 보르클, 무칼리였다.

연대순으로 보면, 첫 번째는 테무진의 고난기에 목숨을 살려준 칠라온이었다. 아버지 예수게이를 잃고 어머니와 가족이 초원에 버려졌을 때 칭기즈칸은 소년이었다. 그가 적에게 잡혔을 때 탈출을 도운 사람이 바로 칠라온이었다. 칭기즈칸을 숨겨주었고, 친우의 관계를 맺었다. 이후 칭기즈칸의 수하에 들게 되었고, 칠라온의 아버지와 함께 천호장에 임명되었다.

두 번째 보르오초는 젊은 시절 테무친이 말을 도둑맞았을 때, 아무 조건 없이 말을 빌려주고 추적을 도와준 것이 계기가 되어 그의 신하가 되었다. 칭기즈칸이 몽골을 통일하는 데 공을 세워 만호장에 임명되었으며, 중앙아시아 원정을 담당하여 금나라와 호라즘 왕국을 점령했다. 그는 보통 몽골인들과는 다른 안목을 가지고 있었고, 부족 국가적 성격을 버리지 못한 몽골을 문화민족으로 성장시키는 데 큰 역할을 했다.

세 번째 보로클은 전쟁 고아였다. 주르킨족 토벌 당시 전투 현장에 버려진 어린 보로클을 칭기즈칸의 어머니 호엘룬이 데려와 길렀다. 칭기즈칸과 함께 성장하며 형제 대접을 받았다. 그의 가장 큰 공적은 1203년 칼라칼지드 모래 전투에서 칭기즈칸의 아들 어거데이가 목에 화살을 맞아 위험에 처했을 때 밤새 상처를 입으로 빨아내어 그를 구한 일이었다. 그러나 그는 1217년 몽골 북동쪽 삼림지대의 수렵민족 투마트 부족과의 싸움에서 전사했다.

마지막으로 무칼리는 잘라이르 부족 출신으로, 본래 칭기즈칸의 의형제 자무카의 부하 장수였다. 칭기즈칸이 주르킨족을 정벌할 때 무칼리를 포함한 잘라이르 부족이 칭기즈칸에게 귀순하면서 인연이 맺어졌다. 무칼리는 뛰어난 지략과 용맹함으로 칭기즈칸의 신임을 얻었다. 그는 만호장에 임명되어 금나라 공략작전의 총사령관으로 활약했다. 칭기즈칸에 대한 그의 충성심은 죽은 후에도 이어져, 아들·손자들까지 몽골 제국에 헌신하며 원나라의 4대 권문세족으로 성장해 막강한 영향력과 부귀를 누렸다.

다음으로 사구四狗이다. 사구는 네 마리의 충견이라는 뜻으로 젤메, 수부타이, 제베, 쿠빌라이를 말한다.

젤메는 테무진과 같은 해에 태어났다. 원래 우량카이족 출신으로 신분이 비천했다. 그의 아버지가 테무진의 아버지 예수게이에게 젤메를 노예로 바쳤으나, 예수게이는 아들을 키우기도 버거워 젤메를 돌려보내며 "장성하면 와 달라"라고 했다. 시간이 지나 예수게이가 사망하고 테무진 일가가 어려운 삶을 살 때, 젤메는 아버지의 약속을 지키기 위해 테무진을 찾아와 그의 곁을 지키며 충성을 맹세했나. 그는 충직한 부히였지만 형제처럼, 친구처럼 늘 칭기즈칸 곁을 지켰다. 특히 칭기즈칸이 독화살을 맞았을 때 그의 상처에 입을 대고 피를 빨아냈으며, 목숨을 걸고 적진에 홀로 들어가 아이락(말젖 술)을 구해온 후 철야로 간병하기도 했다. 칭기즈칸은 이 은혜를 평생 잊지 않았다. 젤메는 1206년 몽골 제국 성립 직후 반항 부족의 잔당 토벌에 출정했다가 전사하였다.

사준사구 중 가장 먼저 세상을 떠났다.

인류 역사상 최고의 전사 중 한 명으로 평가받는 수부타이는 젤메의 동생이다. 1204년 나이만과의 싸움에서 형 젤메와 함께 예측 불가능한 전술과 철륜차(쇠로 만든 수레바퀴)로 산맥을 돌파하여 적진을 탈취했다. 이 승리로 칭기즈칸은 몽골 초원을 완전히 통일하게 되었다. 그는 칭기즈칸의 서정西征에 참여하여 제베와 함께 러시아군을 무찌르는 등 활약했다. 유럽 원정을 지휘하며 세계 32개국을 멸망시키거나 정복했고, 60회 넘는 회전에서 승리했다. 이는 세계사에서 전례 없는 업적이었다.

제베는 궁술의 달인으로 타이치우드 씨족 출신이며, 본명은 지르코아다이였다. 본래 칭기즈칸의 적이었으나 전쟁 포로가 된 뒤에도 전사의 기개를 잃지 않는 모습에 감복한 칭기즈칸이 '화살'이라는 뜻의 제베라는 이름을 주고 친위대로 삼았다. 이후 그는 몽골 최고의 맹장으로 활약했다. 1218년 나이만 토벌과 호라즘, 이란, 조지아, 캅카스, 러시아 원정에서 큰 공을 세웠으나, 1223년 몽골로 귀환하던 중 병사했다.

마지막으로 쿠빌라이는 원나라 제5대 황제 쿠빌라이 칸과는 별개의 인물이다. 칭기즈칸이 자무카와 결별할 때 귀순하여 타타르 토벌과 나이만 전투에서 큰 공을 세운 실존 무장이었다. 이후 몽골 통일 후 군정 책임자의 지위를 받았다.

고난을 함께 할 친구

칭기즈칸이 전장에서 위험에 처했을 때였다. 칭기즈칸은 자신에게 활을 겨누는 자를 보았다. 그 순간 화살은 그의 목 부위를 뚫고 지나갔다. 전투에 몰입해 있어 피할 수가 없었다. 그 화살을 쏜 사람은 바로 제베였다.

그 후 제베와 칭기즈칸은 다른 전쟁에서 또 다시 적으로 만나 치열하게 싸우다 칭기즈칸에게 붙잡혀 포로가 되었다. 칭기즈칸은 죽음을 목전에 둔 제베를 바라보며, 포로들 앞에 서서 무거운 말투로 물었다.

"나에게 활을 쏘았던 자가 누구냐?"

"나요."

포로로 잡혀온 주제에 제베는 당당했고 기백이 있었다. 과거의 행위가 드러나면 목숨을 잃을 수 있는 위험한 질문이었다. 그러나 칭기즈칸은 웃었다. 생사여탈권은 전적으로 자신에게 있었기 때문이다. 제베는 무릎을 꿇은 상태로 이렇게 외쳤다.

"지금 나를 죽이면 내 몸에서 흘러나온 피가 한 움큼의 흙만 적실 것입니다. 그러나 나를 용사로 받아주신다면 내 몸에서 흘러나오는 피로 전 세계의 대지를 적시게 할 것입니다."

제베의 목소리는 당당하고 기백에 넘쳤다. 그는 목숨을 구걸하는 것이 아니라 제안을 하고 있었다. 목숨을 걸고 충성하겠다는 제베의 호소는 칭기즈칸의 마음을 흔들었다. 결국 칭기즈칸은 자신을 죽이려 한 제베를 부하로 맞아들였다.

칭기즈칸의 부하가 된 제베는 죽을 때까지 충성으로 보답했다. 칭기즈칸의 푸른 군대가 강했지만 제베가 이끄는 군대는 그 중에서도 정예부대였다. 제베의 정예부대는 빨랐다. 금나라 중앙에서 몽골군이 침입했다는 소식을 듣고 신속히 군대를 동원하여 몽골군이 있는 곳으로 달려갔지만, 그곳에 도착했을 때는 이미 군대가 몽골군에게 전멸당한 후였다.

선두에는 언제나 칭기즈칸의 충성스런 부하 제베가 있었다. 몽골군의 최전방에서 죽음을 무릅쓰고 적을 괴멸시키는 최고의 결사대는 제베가 이끄는 저승사자 군단이었다. 제베는 칭기즈칸의 명령이라면 어떠한 악조건이라도 수행했다. 그는 칭기즈칸에 의해 새롭게 태어났고, 새로운 인생을 살았다.

보르오초는 칭기즈칸의 4대 장군 중 한 사람이다. 그가 다루는 무기는 긴 쌍칼이었고, 그래서 그를 '칼의 대명사'라 부르기도 했다. 칭기즈칸의 세계 정복에 큰 공을 세운 보르오초는 칭기즈칸의 의형제였다. 젊은 시절 칭기즈칸이 말을 잃어버렸을 때 위험을 무릅쓰고 도와준 사람도 보르오초였다. 그때 그는 어떤 대가도 받지 않았다.

칭기즈칸은 후일 이렇게 말했다.

"보르오초와 무칼리가 나를 올바로 이끌었고, 그릇됨을 멈추게 해주었기에 내가 이 자리에 이르렀다. 이제 뭇 사람의 윗자리에 앉아서 아홉 번의 죄를 지어도 벌받지 않게 할 것이다."

무칼리와 보르오초는 제1공신으로서 좌만호와 우만호의 벼슬을 받았다. 무칼리에게는 동쪽의 중국·만주 지역을 맡아 다스리게 하였고, 보르오초에게는 서쪽 중앙아시아 지방을 맡아 경략하게 하였다. 칭기즈칸의 신임이 절대적이었던 이들이 그 인정을 받기까지는 남다른 충성과 노력이 있었기 때문이다.

칭기즈칸의 절대적인 신임을 받는 두 사람은 잘못이 있더라도 용서하겠다는 말을 부하들이나 만인 앞에서 공표하였고, 실제로 이를 실천했다. 그는 충성만을 강요하지 않았으며, 지도자가 부하에게 믿음을 주어야 한다는 신념을 가지고 이를 실행에 옮긴 지도자였다.

인류 역사에서 보면 절대 권력을 가진 후 초심을 잃고 오만과 편견으로 권력을 남용한 지도자들이 많았지만 칭기즈칸은 달랐다. 자신을 배반한 부하가 없었고, 부하의 잘못을 만인 앞에 본보기로 삼아 단번에 처단하지도 않았다. 그는 신념과 믿음의 지도자였다.

칭기즈칸은 조직력을 강화하는 방법 중 하나로 만호장, 천호장, 백호장들이 자신의 소집 명령에 지체 없이 신속하게 응하는

지를 판단의 기준으로 삼았다. 그것은 군율이었고 누구에게도 예외가 될 수 없는 대원칙이었다. 소집 명령을 위반하는 것은 곧 자신의 명령을 어기는 것으로 간주했다. 그의 맏아들 주치조차도 예외가 아니었다.

몽골고원을 통일한 지 20년이 되던 해, 칭기즈칸은 비교적 한가한 삶을 즐기고 있었다. 하지만 인간적인 고뇌와 번민도 있었다. 전쟁터에서 자라 삶의 대부분을 전장에서 보낸 그에게 평화는 낯설었다. 그는 이미 나이만큼이나 노쇠해지고 있었다. 점령한 대륙마다 흩어져 있는 자식들이 보고 싶었다. 자신의 삶도 종말을 향해 가고 있음을 느꼈다. 멀리 떨어져 있는 자식들을 만나 제국의 운영 방안과 방법을 전해주고, 자신이 죽은 후를 대비해 탄탄한 조직과 활력 있는 미래를 일러주고 싶었다.

그래서 칭기즈칸은 소집을 명령했다. 어거데이와 차가타이는 도착하여 아버지와 만났다. 수부타이도 서역에서의 승리를 자랑스럽게 전하며 긴 여행담을 들려주었다. 슬픈 소식도 함께 전해졌다. 큰아들 주치는 도착하지 못하고, 대신 도착한 전령이 그가 병에 걸려 여행을 할 수 없다고 알렸다. 주치는 아버지의 부름에 응하지 못한 사죄의 마음으로 킵차카 초원에서 잡은 얼룩말 2만 필을 보냈다.

칭기즈칸은 다시 큰아들 주치를 소환했다. 아들이라 해도 명령을 어긴 것을 간과할 수 없었다. 전체를 살리려면 큰아들 주치도 예외가 될 수 없었다. 큰아들 주치는 다른 아들보다 애증이 더 많은 자식이었다. 자신의 부인 호엘룬이 납치되었을 때 적의 남자로부터 임신된 아이였기 때문이다. 칭기즈칸의 거듭된 소환 명령에도 주치는 끝내 오지 않았다.

칭기즈칸은 격노했다. 자신의 명령을 위반한 자를 조직 내부에 그대로 둘 수 없었다. 이번 일을 눈감아주면 비슷한 일이 재발하여 제국을 다스리는데 큰 구멍이 생길 것을 염려했다. 칭기즈칸은 무력으로라도 주치를 끌어오려 했다. 그는 출정 준비를 시작했다. 어떻게 해서라도 명령을 위반한 주치를 굴복시켜 자신의 의지를 관철하려 했다. 부자 사이에 전쟁의 먹구름이 몰려오고 있었다. 주치가 오지 않는 한 이 전쟁을 막을 방법은 없어 보였다. 그러나 하늘은 부자지간의 싸움을 원치 않았는지, 주치가 병으로 앓다가 사망했다는 소식이 전해졌다.

칭기즈칸은 허탈했다. 아버지로서 자신의 생각이 얼마나 어리석고 무모했는지를 자탄했다. 아들의 입장을 이해하지 못한 부덕한 아버지로서 사신을 원망했으나, 힌편으로는 제국을 유지하기 위해 부득이 필요한 행동이었다고도 여겼다. 다만 자식의 입장을 좀 더 헤아리지 못한 것이 가슴 아프고 후회스러웠다.

그리고 또 하나의 슬픈 소식은 제베의 죽음이었다. 그의 죽음은 칭기즈칸에게 큰 충격을 주었다. 화살의 명사수인 제베와는 남다른 인연으로 만났지만, 그는 온 몸으로 충성을 다한 부하였다.

칭기즈칸이 인류에게 선물한 것들

칭기즈칸이 인류에게 선물한 것들

인류 최초로 대륙을 점령한 통일 상업 제국

칭기즈칸이 점령한 지역은 하나로 통일되어 이동의 자유가 있었다. 거래가 자유로웠다. 지역이 조각으로 쪼개져 있어 왕래가 어렵고 상업 활동이 제한적이었던 지역 사람들이 자유로운 여행을 시작하였다. 물건들이 거래되었다. 인류 역사에서 찾아보기 힘든 거대한 영토에 자유가 생겼다. 동쪽 끝 고려의 국경에서 서쪽의 폴란드, 헝가리까지 방대한 땅이 하나의 제도 아래 자유로웠다. 동방에서 서방 사이에 있는 중앙아시아의 많은 나라들이 복속되었다. 통일된 만큼 여행이 자유로워졌고 안전해졌다.

마을과 마을이 이어지면서 물건이 오고갔다. 자유로운 왕래가 시작되면서 기술과 정보가 유통되고, 문화와 문화가 만났다. 좁았던 세상이 넓은 세상으로 변해갔다. 이처럼 자유로운 세상을 열어 준 사람은 칭기즈칸이었고, 이 길을 따라 제일 먼저 이동한 사람은 상인들이었다. 칭기즈칸의 전사들은 점령지를 넓혀갔고, 상인들은 길을 따라 이동했다. 세상 곳곳은 상인들을 반겼고, 상인들은 적극적으로 필요한 물건들을 사고팔았다.

인류 최초의 자유무역지대 출현이었다. 이로 말미암아 생산자와 소비자가 두려움 없이 상업 활동을 할 수 있었다. 주요 통로는 실크로드로, 이 길이 열리면서 경제 활성화는 가속화되었다. 칭기즈칸이 선언했던 "해가 뜨는 곳부터 지는 곳까지 점령하여 그곳에 사는 거주민들의 자유여행을 가능하게 하겠다."가 실행되기 시작한 것이다. 칭기즈칸이 최초로 길을 연 것은 무력이었다. 길은 칭기즈칸의 군단에 의해 점령되고 확장되었지만, 그는 군사적 목적에 그치지 않고 동서양 간의 경제나 문화, 정치적 교류를 활

발하게 하면서 놀라운 변화와 발전을 이룩했다.

칭기즈칸이 만든 거대한 길은 마을에서 마을을 잇고 국경과 국경 사이를 실핏줄같이 연결하였다. 자연스럽게 동서양 간에, 남북 간에 닫혔던 교역과 문화 교류가 시작되었다. 대표적인 것이 실크로드였다. 동서남북의 무역로가 열린 것이다. 몽골 제국이 만든 역참은 안전하고 활발한 상업 활동을 할 수 있게 안전지대 역할을 하기도 했다.

또한 교역이 안전하게 이루어질 수 있도록 지금의 여권 제도와 비슷한 제도를 만들어 운영했다. 탐험가이자 상인인 마르코 폴로도 이 혜택을 본 대표적인 사례이다. 거대한 제국의 탄생은 아시아와 유럽을 넘어 지구촌 곳곳에 경제적 활기를 불어넣었다.

특히 실크로드를 포함한 동서 무역로가 안정화되면서 이슬람의 학문과 의학, 동북아의 발명품인 나침반과 화약 등이 세계 곳곳으로 전파되었다. 더욱 놀라운 것은 이 같은 변화가 유럽의 과학 발전과 르네상스 시대의 기틀을 마련했다는 것이다.

여기서 한 가지 덧붙이자면, 세계 4대 발명품인 종이, 화약, 나침반, 인쇄술이 서양에서 처음 만들어진 것이라는 편견을 가진 사람들이 많다. 그러나 이것들은 모두 동북아시아에서 처음 발명된 것이다.

최초의 단일화폐와 지폐 사용

광활한 영토에 자유무역지대가 만들어졌다. 놀라운 환경 변화였다. 인류 역사에서 경험해보지 못한 일대 사건으로, 아시아에서 유럽의 일부까지가 한 사람의 지배 철학으로 운영된 것이다. 상업 활동이 무한한 자유에 가깝게 전개되면서 시장은 급격히 성장했다.

광범위한 영토 내에서 큰 거래가 이루어지면서 화폐가 필요해졌다. 칭기즈칸이 초원에서 활동하던 시기에는 화폐가 없었지만, 육상과 해상을 통한 국제 교역이 활발해지면서 화폐가 필요해진 것이다.주로 동전이 사용되었지만 거래량이 늘어나면서 동전을 사용하는 것이 불편해지기 시작했다. 동전은 무게가 무거워 다량의 물건을 거래할 때 고액권이 없는 동전으로는 양이 많아져서 감당할 수 없을 만큼 불편했다.

통일 제국은 몇 가지 문제점을 해결해야 했다. 첫째는 거래량이 늘어나면서 무게와 부피가 커지는 동전을 변화시키는 것이고, 둘째는 거대한 몽골 제국 내에서 제한 없이 화폐가 통용되어야 했다. 궁하면 변한다는 말이 있다. 이 두 가지 문제점을 한 번에 해결할 방책으로 종이 화폐를 만든 것이다.

세계 최초의 종이 화폐, 즉 지폐는 11세기 송나라에서 발행된

교자交子이다. 처음에는 철로 만든 동전이 사용되었지만, 너무 무겁고 불편하여 상인들이 동전을 맡기고 일종의 예탁증서로 교자를 만들어 사용하였다. 이후 송나라 정부가 이를 공식적인 화폐로 인정하고 정식 발행하여 사용한 것이 지폐의 시초이다.

북송을 멸망시키고 화북지방을 차지한 금나라는 동화銅貨를 사용하였지만, 오랜 전쟁을 겪으면서 구리가 절대적으로 부족해져 구리 동전을 만들 수 없게 되었다. 이를 해결하기 위해 1142년에 처음으로 구리 대신 지폐를 발행하였다. 지폐의 가치는 비단을 보증수단으로 삼았다. 그러나 금나라는 과도한 지폐 남발로 심각한 인플레이션을 겪게 되고, 국력은 약해지게 되었다.

몽골 제국은 무역이 확대되면서 물동량의 단위가 커지자 국가 차원에서 화폐에 대한 새로운 방안을 찾아야 했다. 새로운 것을 받아들이는 데 적극적인 이들은 화폐에 대한 고민을 외부에서 찾기로 했다.

전투 중에 사용했던 공성무기가 생각났다. 요새나 성벽 같은 견고한 방어물을 공격하기 위해 특별히 만든 무기를 공성무기라 하는데, 이를 본 적 없는 몽골의 전사들은 적국의 기술자들을 잡아다 공성무기를 만들었고, 그 경험으로 전쟁을 승리로 이끈 바 있었다.

금나라에서 관료로 일했던 요나라 출신 야율초재가 전쟁 포로가 되었다. 그의 뛰어난 학식과 능력을 알아본 칭기즈칸은 그를 몽골의 최고 관료에 임명했다.

큰 직책을 맡은 야율초재는 새로운 화폐로 지폐의 사용을 제안했다. 그는 과거 금나라의 지폐 남발에 따른 폐단을 잘 알고 있었지만, 지폐 사용을 전격적으로 건의했다. 몽골 2대 황제 어거데이는 이를 받아들여 1236년 최초의 지폐인 교초交鈔를 발행했다. 금나라가 지폐 유통에 실패한 것을 거울삼아 발행량을 신중히 결정해 발행한 것이다.

몽골 제국의 지폐는 잘 찢어지지 않는 뽕나무 껍질로 만든 종이로 제작되었고, 위조를 막기 위해 동판화로 인쇄하였다.

지폐에는 몽골 제국의 위엄을 새기고 황제의 옥새를 날인했으며, 황제를 상징하는 용 그림을 넣었다. 또한 액면가, 발행소, 발행소의 관리 이름 등을 새겨 넣었고, 위조하는 자는 사형에 처한다는 경고 문구도 포함했다.

몽골 제국은 처음에는 중요한 화폐 결제 수단으로 동전을 사용했지만, 영토를 넓히고 교역량이 많아지자 지폐를 유일한 유통 수단으로 결정했다. 그리고 동전 사용을 법적으로 금지했다. 역사상 최초로 종이로 만들어진 지폐만을 사용하도록 한 것이다.

종이가 화폐의 역할을 하려면 국가의 보증이 필수적이다. 몽골 제국이 발행한 지폐는 원칙적으로 은과 교환 가능한 은본위 화폐였다. 언제든 자유롭게 은과 교환할 수 있는 보증서였다.

지폐의 힘은 컸다. 금속 화폐와는 차원이 달랐다. 지폐의 통용으로 상업의 유통속도가 빨라지고 유통량은 확대되었다. 지폐는 시기를 가리지 않고 사용할 수 있어 상업 활동에 피와 같은 역할을 했다. 멀리 이동해도 간편하게 소지할 수 있어 물품을 쉽게 사고팔 수 있었다. 만약 이익금을 금이나 은 같은 금속 화폐로만 유통해야 했다면 장거리 이동은 어려웠을 텐데, 지폐 덕분에 그런 걱정을 하지 않아도 되었다.

지폐는 상업 활동에 전폭적이고 광범위한 변화를 가져왔다. 광대한 영토 구석구석까지 피가 돌게 하는 역할을 했던 것이다. 자유로운 상거래가 보장되고 상인들이 다닐 길이 활짝 열렸다. 상품 이동이 쉬워지고 화폐가 통일되면서 지역별 교환 가치가 제대로 적용될 수 있었다.

지폐의 사용은 혁명적인 화폐제도였다. 동북아시아와 중앙아시아, 서아시아 등 유라시아 대부분의 지역이 은을 근간으로 하는 화폐 경제 안에 들어가 안정적인 지폐 사용 시대가 열렸다. 몽골 제국이 인류 역사상 처음으로 지폐를 공용 화폐로 사용함으로써, 유라시아 전역에서 지폐 사용의 시대가 시작된 것이다.

종교의 자유

칭기즈칸은 종교의 자유를 주었다. 사람들에게 자신의 마음이 시키는 신을 섬기라고 했다.
"신에게 좋은 기도를 올리고 마음을 그분께 의탁하라."

칭기즈칸은 기도했다. 주위의 정령에게 기도를 올렸다. 몽골인들은 정령신앙을 신봉해 왔는데, 영원한 푸른 하늘과 태양의 황금빛을 비롯하여 자연의 영적인 힘을 섬겼다.

부르칸 칼둔은 몽골 초원에서 가장 높은 산이다. 신의 산이라고 불리는 이 산은 몽골족에게 아버지와 같은 산이었다. 그들에게 부르칸 칼둔은 지상에서 하늘에 가장 가까운 산으로, 세 개의 강이 이 산에서 발원하여 광활한 초원을 적셔주는 아주 성스러운 곳이었다. 이곳에서 칭기즈칸은 스스로를 단련하기 위해 기도했다.

　　종교는 사람의 의식을 좌우하는 척도로 인식되었다. 몽골 초원은 사방에서 들어오는 사람들로부터 전파된 외래 종교와, 오래전부터 이어져 내려오는 샤먼의 전통이 혼재되어 있었다. 칭기즈칸은 종교로 인해 국론이 갈라지고 국가가 분열될 수 있다는 것을 이미 알고 있었다. 그래서 여러 종교가 공존할 수 있는 방법을 찾게 되었다. 그것은 종교를 국가 차원에서 관리하거나 감독하는 것이 아니라 개인의 차원으로 돌리는 것이었다. 종교가 전적으로 개인의 영역이 되면서 그로 인한 분열을 막을 수 있었다. 집단화하거나 권력화되는 것만 조절해주면 각자가 타인의 종교 행위를 이해하면서 서로 편안해질 수 있었다. 이는 이 시대에 국가 체제를 가진 나라들 중에서는 전례가 없는 파격이었다.

칭기즈칸은 종교적 독선의 고리를 과감히 끊어버렸다. 모든 사람에게 종교의 자유를 선언했다. 그 시대에 국가체계를 갖춘 집단으로는 최초일 것이다. 대다수의 국가에서 종교를 사유화하거나 정권을 연장하기 위한 도구로 사용하는 것이 일반적이었다.

칭기즈칸은 모든 종교를 장려하기 위하여 종교지도자와 그 재산에 대해 세금을 면제하고, 공적인 의무도 면제해 주었다.

칭기즈칸은 막강한 권력을 가졌지만 초심이 변하지 않았다. 부하들과 함께 초원의 게르에서 생활했고, 칸이라는 칭호 대신 이름을 부르게 했다. 권력이나 직급의 차이가 커지면 친화를 잃을 수 있기 때문에 위계의 거리를 줄이려는 배려였다. 또한 그는 다 함께 고생하고, 다 함께 기뻐하고, 다 함께 나누었다. 동지의식을 중요하게 여긴 지도자 칭기즈칸은 사려 깊은 사람이었다. 특히 칭기즈칸은 남의 말을 경청하는 것을 좋아했다. 사실 그는 전문적으로 공부를 한 적이 없었지만, 남의 의견을 존중하는 데서 경청이 시작된다는 것을 알고 있었다.

지식은 새로운 지식을 낳으려는 노력보다 권력을 만들려는 속성이 있다. 지식을 많이 가진 사람일수록 배타적인 이유가 여기에 있다. 칭기즈칸은 과학과 연관된 기술은 적극 받아들였어도 행정을 위한 지식은 무시하고 자신의 직관을 더 중요하게 여겼다. 그렇지만 그는 타고난 전사였고 행정가였다.

칭기즈칸은 큰 제국을 이끌어가면서 탁월한 행정력을 발휘했다. 인류 역사상 국가 간, 종교 간, 기술 간의 교류가 그때만큼 활발하게 이루어진 적은 없었다. 인류가 최초로 경험하는 국가 간의 교류였으며, 종교 간의 화합이었다. 그리고 그 어느 때보다도 기술이 존중되었고 장려되었다. 먼 곳에서 일어나는 일도 즉시 칭기즈칸에게 보고되었으며, 칭기즈칸의 한 마디 명령이 먼 곳까지 차질 없이 전달되어 실행되었다.

자신을 사랑하지 못하는 사람은 큰일을 할 수 없다. 누구나 자신을 사랑하는 사람을 좋아한다. 자신에게조차 비관적이고 스스로를 학대하는 사람을 어느 누가 좋아하겠는가. 자신을 사랑하는 사람에게서는 향기가 느껴지지만, 자신을 사랑하지 못하는 사람에게서는 거부감이 생긴다.

칭기즈칸은 근원을 바꾸지 않았다. 칭기즈칸은 자신이 믿는 신념 체계인 종교를 바꾸지 않고 그대로 가지고 있으면서, 자신과 다른 종교를 가진 사람들을 포용했다. 몽골족은 대부분 샤머니즘 세계관을 가지고 있었지만, 기독교와 이슬람교가 전파되어 그를 믿는 사람들도 꽤 많이 있었다. 그의 종교에 대한 관용은 그가 사망한 이후에도 그대로 지속되었다.

대자사크에는 승려·사법관·의사·학자에게는 조세를 받거나 부역을 시켜서는 안 된다고 기록되어 있다.

몽골인들은 시간만 나면 양떼와 소떼를 몰고 언덕을 넘었다.

지평선을 넘어가기도 했다. 풀이 많은 곳으로 이동했다가 다시 돌아오기를 반복했는데, 대략 1년에 4번 이상 집단이동을 했다. 몽골인들은 이동할 때 비록 보잘것없지만 모든 것을 가지고 이동했다. 정말 적게 가지고 살았다. 초원의 집 게르와 몇 개의 주방도구, 화로, 그리고 이부자리가 살림살이의 전부였다. 이것들을 마차에 싣고 풀을 찾아 멀고도 긴 여정을 시작했다. 어렵게 옮겨간 그곳에도 풍족한 것은 별로 없었다. 조금 나아졌을 뿐이었다. 이들에게 있어 이동은 굶어죽지 않기 위한 몸부림이라고 할 수 있었다. 결코 유람이 아닌 생존 방법이었다.

이들은 자신이 믿는 종교를 타인에게 권하지 않았다. 종교를 개인의 신념으로 인식한 것이다. 칭기즈칸이 믿었던 샤머니즘의 특성상 다른 종교에 대한 거부감이 없었다. 그것이 대제국을 이끌어가는 데 큰 힘이 되었다.

몽골 사회에서 샤먼은 자연이나 초자연적 존재들과 소통하는 영적인 중개자였다. 이들은 전쟁 출정이나 중요한 결정을 해야 할 때 신의 뜻을 전달하고, 질병을 앓는 환자를 치유하며, 자연재해 같은 중요한 사건에 대해 예언했다. 또한 하늘·땅·조상신에게 제사를 지내는 의식을 주관했으며, 푸른 하늘(텡그리 신)에게 제사를 지내고 국가의 안녕을 기원하는 중요한 역할을 했다.

몽골 제국은 종교를 개인의 차원에서 다루었다. 국가는 관여할 일이 아님을 천명했다. 지금 우리가 추구하고 있는 다종교 사회처럼 서로 다름을 인정하고 받아들이는 것이었다. 종교적 관용 정책은 생각보다 훨씬 파급효과가 컸다. 나와 다른 생각을 포용함으로써 개인의 행복에 관여하지 않았다. 세계 정복을 하면서 관용 정책은 처음부터 끝까지 일관되게 추진되었다. 종교의 자유를 속박함으로써 얻어지는 것보다는 자유를 허용함으로써 얻어지는 바가 훨씬 컸다. 어떤 경우에는 피정복민의 신앙을 보호하기 위한 특별법을 공포하기도 했다. 그만큼 종교에 대한 자유는 전폭적이었다.

칭기즈칸은 쉬지 않고 달렸다. 한 번 탄력을 받은 그들의 기세는 무서웠다. 다시는 인류 역사에서 찾아보기 힘든 사건들이 벌어졌다. 칭기즈칸이 정복한 많은 나라들이 통합되고 하나의 통치조직에 의해 움직였다. 어떤 면에서는 인류에게 축복이었을지도 모른다. 그때처럼 활발한 교역과 종교적 자유 그리고 기술의 발전이 있었던 적은 드물었다. 그 방대한 영토를 자유로이 옮겨 다닌 역사가 그전까지는 없었다.

거칠었지만 그들은 하나의 목표를 가지고 세계와 부딪쳤다. 그리고 그들은 꿈을 이루었다. 거친 삶에서 벗어나 새로운 세상에 도전장을 내고, 그곳을 향해 거침없이 달려나간 몽골인들의 행로는 벅찬 감동이었다.

세계 최대 경제자유무역지대

칭기즈칸의 꿈은 몽골 초원에 사는 몽골인들의 꿈이 되었다. 생존을 위한 싸움이 무역을 하기 위한 전쟁으로 변했고, 다시 세계 정복을 위한 전쟁으로 확대되었다. 작은 바람은 폭풍우처럼 대지를 적시고, 초원과 대륙을 흔들었다.

몽골을 통일한 칭기즈칸이 나아갈 길은 하나밖에 없었다.

가난과 굶주림을 반복하며 오늘처럼 겨우겨우 살아갈 것인가.

아니면 목숨을 걸고라도 배부르고 따뜻한 삶을 찾아갈 것인가.

칭기즈칸은 망설임 없이 희망을 찾아 목숨을 걸기로 했다. 언제나 그랬듯이 결정하였으면 실행하는 칭기즈칸이었다. 그는 푸른 군대를 이끌고 전장 속으로 달려갔다.

칭기즈칸은 어느 곳을 건드려도 신화가 되는 신비로운 존재였다. 그러나 칭기즈칸이 가진 것은 너무나 평범했다. 초원의 평범한 어린이가 꿈꾸었던 것들이 현실이 되기까지 최선을 다해 노력했다. 칭기즈칸은 남보다 힘이 유난히 세거나 제갈공명처럼 미래를 내다보는 혜안을 가지고 있지도 않았다. 말을 다른 사람보다 잘 탔거나 활을 잘 쏘았다는, 그 흔한 영웅의 면모도 보이지 않았다. 그럼에도 인류 역사상 가장 넓은 영토를 정복한 사람이 되었다.

칭기즈칸은 아무것도 없는 것에서 새로운 것을 만들어냈다. 객관적으로 바라보면 몽골은 변방이었고, 다른 나라에 영향력을 행사할 수 있는 능력이나 여건이 되지 않는 나라였다. 상상하기 힘든 위대한 역사가 펼쳐졌다. 광대한 영토를 가진 통일제국에 종교의 자유가 주어지고, 단일화폐가 유통되면서 제국의 끝에서 끝까지 피가 흐르게 되었다. 일찍이 지구상에 없었던 활력이 넘쳐났다. 자유가 주어지면 겉으로는 혼란스러워 보이지만, 이 세상에서 자유만큼 활력을 만들어내는 것은 없다.

제국의 신민들은 몽골어를 굳이 별도로 공부할 필요가 없었다. 말을 타지 않아도 되었다. 몽골의 풍속을 강제하지도 않았다. 점령지의 피정복민들은 관습을 바꾸지 않아도 되었다. 그리고 어느 것도 차별하지 않았다. 정복지의 백성들은 기회와 위험이 따르는 군복을 스스로 입었고, 몽골의 전사가 되어 싸우기를 자청했다. 성공으로 가는 길이 그곳에 있었다.

예속민들에게도 무역에서 생기는 관세, 세금, 방위 분담금 등 정해진 세금 외에는 거두지 않았다. 이유 없이 재산을 빼앗지 않았다. 세금만 내면 누리는 혜택이 많았다. 몽골 제국 전체에 교역이 활발해졌다. 여기서 생긴 이익으로 풍요로운 생활을 할 수 있었다. 사람들은 몽골리안 드림을 찾아 수도 카라코룸으로 이동하였고, 군대에 지원하여 공을 세우면 빠르게 출세할 수 있어 군 입대를 지원하는 젊은이들도 많았다.

칭기즈칸은 제국의 신민들에게 자유를 준 위대한 존재였다. 칭기즈칸의 위대함은 처음부터 위대했던 것은 아니었다. 그의 위대함은 세계를 정복한 힘에서 나온 것이다. 가진 것 없는 가난한 나라에서 태어나 대제국을 만들어낸 그의 뛰어난 용병술과 넓은 영토를 다스리기 위한 합리적인 운영체계를 도입하고 관리하는 그의 리더십은 위대했다.

그가 지향한 것은 합리적이고 실용적이었다. 너무나 일반적이고 평범한 관리 방법이었지만, 한결같이 그것을 지키려 했다. 가진 것은 없었지만 새로운 것에 대한 갈망과 현실 적응력이 뛰어나며 아주 합리적이었다.

칭기즈칸은 누구나 생각하고 적용할 수 있는 방법을 사용했다.

그것은 다른 사람의 동참을 이끌어내고 함께 실행할 수 있는 것이었다. 이처럼 칭기즈칸의 특별하지 않은 생각과 한결같음이 그를 다르게 만든 것이다. 자신이 정도라고 생각한 것을 변함없이 실천한 데 있었다.

그리고 군림하려 하지 않았다. 자신 위에 군림하는 것에는 용납하지 않는 당당함이 있었지만, 자신과 수평을 유지하는 동지와 밑에 있는 사람에게는 관대했다. 어깨의 높이를 같게 해 몽골인들의 고통이 나의 고통이 되었고, 나의 기쁨이 몽골인들의 기쁨이 되어 거대한 조직이 함께 공감하는 대동의 길을 열었다.

살길이 하나뿐이었기에 그 길로 갈 것을 제시했다. 푸른 군대는 칭기즈칸이 가고자 하는 길에 희망이 있음을 믿었고, 희망이 꿈으로 끝나지 않고 현실이 될 수 있음을 확인했다. 몽골인 전체이기도 한 푸른 군대는 열광했다. 몽골 전체가 군 조직이었음에 더욱 그러했다.

칭기즈칸의 제국은 태평양에서 동유럽까지, 시베리아에서 페르시아만까지 팽창했다. 그와 그의 후손들은 유라시아 내륙을 거대한 자유무역지대로 만들었다. 국경이 없었다. 동서양의 문명을 만나게 했고, 그 만남으로 기술과 문명이 오고갔다. 물건이 오고가는 것을 제국은 장려했다. 짧은 순간에 이토록 광대한 영토를 하나의 단위로 묶어 벽을 허문 역사는 없었다.

동양과 서양의 무역이 활발해지면서 무역항이 새로 생기고 외

국인이 모여들었다. 몽골 제국의 지폐가 아프리카의 마다가스카르에서도 발견되는 것을 보면, 그 당시 무역이 어느 정도 활발했는지 짐작이 간다. 넓은 유라시아 대륙이 자유무역지대로 바뀌자 세계 곳곳의 귀중품이 몽골 초원으로 흘러들어오면서 그들의 생활이 바뀌기 시작했다. 큰 변화였다.

동서남북을 가로막았던 여러 가지 장애요소가 제거되면서 실크로드를 따라 이슬람 상인의 활동도 대규모로 전개되기 시작했다. 베네치아의 상인들도 들어왔다. 아시아의 끝 극동에서부터 서유럽까지 교역이 활발하게 이루어졌다. 이집트산 상품이 고려까지 유통될 만큼 시장은 자유롭고 활달했다.

몽골 제국의 수도인 카라코룸은 정치, 경제, 문화의 중심지가 되었다. 신기술과 신문명은 다시 다른 곳으로 퍼져나갔다. 고려 개경까지 들어온 대상들이 자유스럽게 장사하는 모습도 쉽게 목격할 수 있었다. 고려 또한 세계 속의 고려로 다시 태어나고 있었다.

기독교, 이슬람교, 불교, 도교, 샤머니즘이 만나고 화합하면서 세상은 빠르게 변해갔다. 이란의 뛰어난 의술, 점성술, 수학이 중원으로 들어오고, 유럽의 문화도 아시아 대륙 곳곳으로 퍼져나갔다.

몽골 제국은 도로와 상인을 보호할 목적으로 주둔군을 배치했다. 교역 비용과 부담을 증가시키던 복잡한 지방의 세금 제도를 없애버렸다. 또한 도로에 가로수를 심어 여름 여행자에게 그늘을 제공해주고, 겨울에 눈이 오면 도로의 표지판 역할을 하게 했다. 나무가 자랄 수 없는 곳에는 돌기둥을 세워 길 표시를 했다.

상인에 대한 예우는 지극했다. 부는 그냥 찾아오는 것이 아니라, 부의 원천이 되는 상인들을 우대함으로써 생겨난다는 것을 깨우쳤다. 칭기즈칸과 그를 따르는 푸른 군대는 새로운 문화를 만들어내는 데 성공했다.

시작은 아주 미약했으나 장대하고 웅혼한 한 사내의 성공은 참으로 아름다웠다.

〈끝〉

칭기즈칸, 천년의 리더십

1판 1쇄 인쇄 2026년 1월 20일
1판 1쇄 발행 2026년 1월 25일

지은이 신광철
펴낸이 이윤규

펴낸곳 유아이북스
출판등록 2012년 4월 2일
주소 서울시 용산구 효창원로 64길 6
전화 (02) 704-2521
팩스 (02) 715-3536
이메일 uibooks@uibooks.co.kr

ISBN 979-11-6322-185-2 (03990)
값 16,800원